Willkommen auf Kreta!

In superschicken Stadtcafés sitzt Kretas Jugend bei griechischem Hip-Hop vor einem Glas Freddo Espresso, alte Männer ganz in Schwarz prosten sich in schlichten Dorfkneipen mit selbst gebranntem Rakí zu. Extreme Gegensätze liegen auf Griechenlands größter Insel dicht beieinander. Uralte Olivenwälder und wüstenhafte Canyons, Hochebenen und Palmenhaine, kahles Gebirge, schroffe Steilufer und flache Dünenstrände.

»VERGANGENHEIT ÜBERALL, MAN STOLPERT FÖRMLICH ÜBER SIE.«

THEO SOMMER

GUT ESSEN, BADEN, ENTSPANNEN

Natürlich lässt es sich auf Kreta einfach ausspannen, kann man angenehme Hotels, schöne Strände und eine gute touristische Infrastruktur genießen. Für alle, die es gern individuell mögen, stellen wir Unterkünfte in kleinen Dörfern vor, die man am liebsten sofort für den nächsten Urlaub wieder buchen möchte, und wir empfehlen urige Dorftavernen, in denen das Essen köstlich ist und man mit Einheimischen ins Gespräch kommt. Wer in der Natur aktiv sein will, bekommt am Ende jedes Kapitels Vorschläge für herrliche Wanderungen durch Schluchten und im hügeligen Hinterland, für Touren mit dem Fahrrad und besondere Badeplätze, zum Golfen, Reiten und Tauchen.

Abendstimmung im Hafen von Sitías. In Kretas Osten hat das Leben eine Ruhe, die auch auf Urlauber einen stillen Zauber ausübt.

INSELLIEBHABER

An diesem Band haben ausgewiesene Kreta-Kenner und Kreta-Fans mitgearbeitet. Der Fotograf Tobias Gerber war von der Vielseitigkeit der Insel begeistert, unser Grafiker Dominique Loenicker ist gemeinsam mit seiner Frau regelmäßig auf Kreta, um Freunde zu besuchen. Klaus Bötig verbringt jedes Jahr vier bis sechs Monate in Griechenland und mit Vorliebe auf Kreta, wo er seit über 40 Jahren zu jeder Jahreszeit unterwegs ist. Und natürlich hat diese Insel auch mich in ihren Bann gezogen.
Herzlich

Ihre

Birgit Borowski

Birgit Borowski
Redaktion DUMONT Bildatlas

36

Raue Berglandschaften und unzählige Schluchten gibt es auf Kreta zu entdecken. Nicht zuletzt die Region um Chaniá ist ein Paradies für Aktivurlauber.

86

80

In der Küstenregion von Ágios Nikólaos hat der Kreta-Tourismus seinen Ursprung und bis heute sein Zentrum. Hinter dem idyllisch wirkenden Hafen von Eloúnda stehen die besten Hotels der Insel.

Die Rekonstruktionen in Knossós geben einen Einblick in die rätselhafte Welt der Minoer.

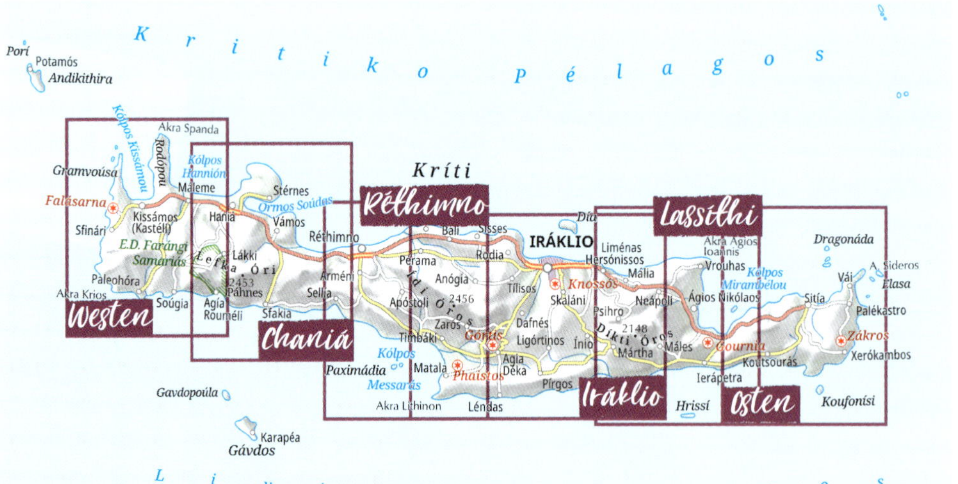

Unsere Favoriten

Die bezauberndsten Tavernen
Dank der kretischen Gastfreundschaft schmecken die Inselspezialitäten noch leckerer.

Die urigsten Bergdörfer
Abseits der Küste zeigt Kreta sein urwüchsiges, ländliches Gesicht.

Die herrlichsten Schluchten
Über Stock und Stein geht es in wunderschöne Canyons.

Das Beste erleben

Berührend, aufregend und spannend sind unsere Ideen, die wir für Ihren Aufenthalt auf Kreta zusammengetragen haben.

Besondere Orte

* 1 *

CHANIÁ

Chaniás Altstadt prägen venezianisch anmutende Bauten in schmalen Gassen.
Seite 47

* 2 *

VÁMOS

Wer in eines der restaurierten Dorfhäuser von Vámos einzieht, wird schnell Teil der Dorfgemeinschaft.
Seite 48

* 3 *

LOUTRÓ

Der nett herausgeputzte Badeort an der Südküste ist nur zu Fuß oder mit dem Boot erreichbar.
Seite 48

* 4 *

FRANGOKÁSTELLO

Vor der Kulisse der Burg von Frangokástello fällt der feine Sandstrand sanfter ins Libysche Meer ab als irgendwo sonst.
Seite 49

* 5 *

RÉTHIMNO

Minarette, Moscheen und die hölzernen Erker osmanischer Häuser bilden das besondere Altstadtflair Réthimnos.
Seite 65

Faszinierende Natur

* 6 *

ASTEROÚSIA-GEBIRGE

In dem nahezu baumlosen Gebirge führen abenteuerliche Pisten zu Klöstern und Stränden.
Seite 84

* 7 *

LASSÍTHI-HOCHEBENE

Die von Bergen umgebene Hochebene gehört zu den fruchtbarsten Landstrichen Kretas.
Seite 100

Lebendige Antike

* 8 *

NAUTISCHES MUSEUM

Das Museum am Hafen von Chaniá stellt anschaulich 4000 Jahre Seefahrtsgeschichte der Insel dar.
Seite 47

* 9 *

ARCHÄOLOGISCHES MUSEUM

Das Archäologische Museum in Iráklio zeigt die weltweit wichtigste Sammlung minoischer Kunst und Kultur in einer modernen und gut durchdachten Umgebung. Natürliches Licht schafft eine einzigartige Raumatmosphäre für die Exponate.
Seite 83

* 10 *

KNOSSÓS

In diesem Disneyland der Archäologen wurden Teile der bedeutendsten minoischen Palaststadt anschaulich und fantasievoll rekonstruiert.
Seite 83

* 11 *

GÓRTIS

Von der römischen Hauptstadt Górtis blieben weit verstreute Ruinen in einem Olivenhain. Aus antik-griechischer Zeit stammen Gesetzestafeln, ältestes Rechtszeugnis des Abendlandes.
Seite 84

EUROPAS ÄLTESTE HOCHKULTUR

Schon vor über 3500 Jahren lebten die Menschen auf Kreta in prächtigen minoischen Städten. Ihre Spuren finden sich überall auf der Insel – allen voran das rekonstruierte Knossós. Auch weniger bekannte Stätten wie die Palaststadt Mália (Foto) mit ihrer frühen „Agorá" laden zur Entdeckung ein.

STRANDPARADIESE FÜR JEDEN GESCHMACK

Kretas Küsten bieten mehr als nur Sonne: Weite Strände, einsame Buchten und türkisblaues Meer. Statt Liegestuhlreihen dominiert Individualität – ob am weiten Strand von Falásarna (Foto), im Palmenhain von Vái oder an den Lagunen von Bálos und Elafonísi.

KRETAS RÜCKGRAT

Kreta erstreckt sich als 260 Kilometer langer Hochgebirgsriegel zwischen Ägäis und Libyschem Meer. Während Städte und Urlaubsorte im Norden liegen, prägen abgeschiedene Dörfer die Südküste. Dazwischen ragen über 2000 Meter hohe Gipfel auf (im Foto die Lefká Óri, die Weißen Berge) – ein Paradies für Wanderer und Naturliebhaber!

KRETISCHE LEBENSFREUDE

Geselligkeit ist den Kretern wichtig. Während Gäste in der Odós Vernárdou in Réthimno wie überall oft zu zweit sitzen, lieben Einheimische die „Paréa" – große Tischrunden mit Gesprächen, Meze und Raki.

GRIECHISCHE KÖSTLICHKEITEN

„Kreta-Diät" ist ein beliebtes Schlagwort vieler Küchenapostel. Sie basiert auf heimischen Naturprodukten wie Olivenöl, Käse, Kräutern und Wein – neu interpretiert von kreativen Köchen und traditionellen Winzern.

IM SCHNITTPUNKT DER KULTUREN

Kreta hatte viele Fremdherrscher: Mykener, Römer, Byzantiner, Venezianer und Osmanen hinterließen Spuren – wie in Réthimno mit venezianischem Hafen und osmanischen Minaretten. Erst seit 1912 gehört die Insel zu Griechenland.

ΠΑΝΑΓΙΑ ΚΑΜΑΡΙΑΝΗ ΝΡ22

Die bezauberndsten Tavernen

WILLKOMMEN IN KRETISCHER GASTFREUNDSCHAFT!

In einer guten Taverne direkt an der Ägäis oder am Libyschen Meer, vor Fischerbooten im Hafen oder an einer idyllischen Bucht zu sitzen: Das ist Urlaubs-Feeling pur. Auf ganz Kreta bestehen dafür viele Möglichkeiten. Und alle sind den ganzen Tag und Abend über geöffnet.

1 Limáni in Kíssamos

Die schlichte Fischtaverne mit weißen Tischen und Stühlen liegt direkt am Hafen (Limáni) von Kíssamos außerhalb des Städtchens und ist durch und durch ein kretischer Familienbetrieb. Ein besonderer Genuss sind die in Essig und Öl eingelegten kleinen Fische, auf Griechisch *gavros* genannt. Auch die gegrillten Sardinen, die frittierten Tintenfische und die übrigen Meeresfrüchte sind ausgezeichnet.

Pália Ethnikí
Odós Kissámou
Tel. 2822 02 21 24
www.facebook.com/LIMANIkissamos, €€

2 Zépos in Chaniá

Das heute feine und stilvoll eingerichtete Restaurant in einem Haus aus dem Jahr 1608 war bei seiner Gründung 1961 eines der ersten überhaupt am alten Hafen der Stadt. Heute ist es von anderen Lokalen umringt, wegen seines guten und vielseitigen Essens (auch Steaks und Vegetarisches) aber immer noch einen Besuch wert. Abends sitzt man hier bei Kerzenschein besonders romantisch.

Ákti Koundourioti 42
Tel. 2821 09 41 00
zeposrestaurant.gr, €€€

3 Arkádi in Georgioúpolis

Romantik pur: Von der abseits allen Trubels gelegenen Fischtaverne direkt an der Ägäis schweift der Blick über die Flussmündung auf eine ins Meer hinausgebaute Kapelle und die hohen Berge dahinter oder, in der anderen Richtung, auf die Steilküste der Apokorónas-Halbinsel. Die Pasta mit Meeresfrüchten wird immer wieder besonders lobend erwähnt. Aber Achtung: Webcams übertragen das Geschehen in der Taverne live in alle Welt.

Nördlich der Flussmündung
Tel. 697 933 75 11, €€

4 Knossós in Réthimno

Die kleinste der Fischtavernen am alten venezianischen Hafen ist zugleich die gemütlichste und traditionsreichste. Hier endet das Spießrutenlaufen zwischen den Konkurrenzlokalen, deren Kellner unermüdlich Passanten ansprechen. Die charmante Wirtin María hat das nicht nötig – sie überzeugt mit erstklassigem Fisch und Meeresfrüchten, herzlichem Service und dem sangesfreudigen Bruder Stávros als Aushilfe.

Odós Neárchou 40
Enetikó Limáni
Tel. 2831 02 55 82
www.facebook.com/tavernaknossosrethimno, €€€

5 Migómis in Ágios Nikólaos

Das feine Restaurant bietet vom Felsrand am kleinen idyllischen See im Ortszentrum einen fantastischen Blick auf Hafen, Städtchen und die Bucht von Mirambello. Abends sorgt ein Pianospieler für musikalische Untermalung. Auf der umfangreichen Weinkarte findet man sicher die passende Begleitung für die hier besonders guten Fleischgerichte.

Odós N. Plastirá 20
Tel. 2841 02 43 53
www.migomis.com, €€€

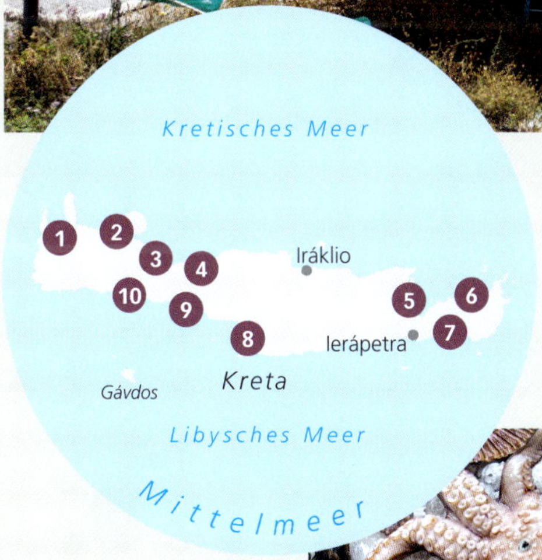

6 Zorbás in Sitía

Die große Traditionstaverne in der südwestlichen Ecke der Hafenbucht von Sitía mit Tischen direkt am Wasser bietet eine Riesenauswahl an täglich frisch zubereiteten Gerichten, vielerlei Salate und vor allem während der Saison auch stets fangfrischen Fisch und Fleisch vom Holzkohlengrill oder aus dem Backofen. Mit etwas Glück wird man vom freundlichen Personal sogar in die Küche geladen.

Odós El. Venizélou
Kazantzáki 3
Tel. 2843 02 26 89, €€

7 Mina's Place in Makrigialós

In der alten Fischtaverne von Vangélis und seiner Familie sitzen die Gäste unmittelbar am Kai vor den Fischerbooten. Während sie sich das Essen schmecken lassen, blicken sie den Strand entlang und hinüber zur unbewohnten Insel Koufonísi. Serviert werden fangfrischer Fisch, gegrillter Oktopus und Kalamares, begleitet von offenem Landwein und Rakí zum Abschluss.

Limáni
Tel. 2843 05 19 49, €€

8 Hakuna Matata in Mátala

„No problems" ist eine Lieblingsdevise der Kreter. Der Name dieses Lokals im Ethno-Look bedeutet das gleiche auf Suaheli. Es vereint genial die Hippie-Atmosphäre früherer Zeiten mit dem Ambiente der alten Fischersiedlung und bezaubert zudem durch den Blick über Bucht und Strand zu den Höhlen, in denen einst die Blumenkinder hausten. Tipp: Die Drinks probieren!

an der Südseite der Bucht
Tel. 694 734 36 88, €€

9 GioMa in Plakiás

Die Atmosphäre in der bezaubernden Fischtaverne ist stilvoll, aber leger – wer draußen mit fantastischem Blick aufs Meer und zwischen Lichterketten sitzt, mag gar nicht wieder gehen. Fisch und Meeresfrüchte begeistern, der Kalamari vom Grill ist ausgezeichnet, das Lamm-Souvlaki auch. Am schönsten ist es hier zum Sonnenuntergang – was nicht nur Insider wissen.

westlich vom Pier
Tel. 2832 03 20 03, €€–€€€

10 Lefka Ori in Chóra Sfakíon

Direkt über dem kleinen Hafen des Ortes stehen die Tische und Stühle der Familientaverne auf der kurzen Promenade. Bei den Fasoulákis' wird echt sfakiotisch gekocht und gebacken: Es gibt *sfakianí píta* (mit Ziegenfrischkäse gefüllte und mit Honig übergossene Pfannkuchlein), *singlinó* (eine kretische Kassler-Variante mit Kümmel), in Weinsud gekochte Schnecken und ein hervorragendes Moussaká.

Paléo Limáni
Tel. 2825 09 12 09
lefkaori-sfakia.com, €

Westen

DER REIZ DER STILLE

Im äußersten Westen Kretas scheint die Zeit gemächlicher zu vergehen als im Rest der Insel. Alte, verträumte Dörfer liegen fern der Küste, während junge Leute ihr Glück in den Städten weiter östlich suchten. Besucher erwartet eine Landschaft mit unverbauten Stränden, ruhigen Küstenorten und einem vom Massentourismus bisher weitgehend unberührten Hinterland.

Seit 2000 Jahren grünt in Áno Voúves dieser imposante Olivenbaum, der vermutlich älteste Kretas.

Paleochóra, einst völlig isoliert gelegen, ist heute ein geschätzter Badeort ganz im Südwesten Kretas.

Abends verwandelt sich die Dorfstraße Paleochóras zum gastronomischen Treffpunkt von Einheimischen und Touristen.

Eine der Mönchszellen im Kloster Chrisoskalítissa.

Seit der Antike ist Kíssamos ein Hafenplatz, heute geht es hier meist beschaulich zu.

Anflug von Westen: von Europa her, das den Namen einer phönizischen Königstochter trägt, die auf Kreta erstmals unseren Kontinent betrat. Der Auftakt ist sanft. Auf der Gramvoúsa-Halbinsel im Norden und um Elafonísi im Zentrum der Ostküste erinnern in vielfältigen Blau-, Grün- und Türkistönen schimmernde Lagunen mit feinstem Sand an Südsee-Atolle. Dahinter gibt sich die Hügellandschaft ganz unkretisch mild bewegt, sie übersteigt im gesamten

IN VIELFÄLTIGEN BLAU-, GRÜN- UND TÜRKISTÖNEN SCHIMMERNDE LAGUNEN ERINNERN AN SÜDSEE-ATOLLE.

äußersten Westen nur selten die 1000-Meter-Marke. Und doch macht auch sie schon auf Kretas wilden Kern aufmerksam, ist von rauen Schluchten durchzogen, über denen Gänsegeier kreisen, durch bizarr geformte Felsspitzen und -kuppen akzentuiert. Aber es gibt auch ausgedehnte grüne Landstriche, meist von Ölbäumen, stellenweise wie bei Élos von Esskastanienwäldern bedeckt. Vor allem an der Südküste wirken die in der Sonne glitzernden Plastikplanen Tausender Gewächshäuser wie große Seen. Sie kommen ohne Heizung aus, stauen nur die Hitze der Sonne, die auf Kreta auch im Winter reichlich scheint. In ihnen reifen vor allem Gurken und Tomaten guten Frühgemüsepreisen entgegen.

GENUG ZUM LEBEN

Der milden Winter wegen konnte der Olivenbaum zur bedeutendsten Kulturpflanze der größten Insel Griechenlands werden. Das vielleicht älteste Exemplar steht heute am Dorfplatz von Áno Voúves im Hinterland von Kolimbári. Aus seinen über 2000 Jahre alten Zweigen wand man 2004 in feierlicher Zeremonie einen der Siegerkränze, die die Olympio-

Polirrinía war in dorischer Zeit einer der wichtigsten Stadtstaaten Kretas, Kíssamos sein Hafen. Von den Ruinen bietet sich gen Norden ein herrlicher Ausblick.

Kreta, wie viele es lieben: am Strand von Ravdoúcha am Fuß der Halbinsel Rodopoú.

Südseegefühle beim Badeausflug auf Gramvoúsa.

Die Kieselstrände von Soúgia haben sich zu einer ruhigen Alternative zum weiter westlich gelegenen Paleochóra entwickelt.

GEMÄSS DER GRIECHISCHEN MYTHOLOGIE BRACHTE PROMETHEUS DAS FEUER MITHILFE DES RIESENFENCHELS ZU DEN MENSCHEN AUF DIE ERDE.

niken während der Spiele in Athen zusätzlich zu ihrer Goldmedaille erhielten. Eher als Verlierer fühlt sich dagegen Kostas, Wirt eines Kafenío im weltabgeschiedenen Dorf Trialónia. Die Folgen der griechischen Finanzkrise machen auch ihm zu schaffen. Da ist er froh, dass er wie so viele Kreter das Nötigste fürs Leben selbst erwirtschaften kann. Gemüsegärten, ein paar Weinstöcke, Schafe, Ziegen und 100 Olivenbäume – das sichert ein karges Überleben.

FEUER FÜR DIE MENSCHHEIT

Jánnis, Ziegenhirte in Polirrínia, lebt in einem fast menschenleeren Dorf. Er kennt die Ankunftszeiten und Startflughäfen aller Chartermaschinen auswendig, die in Chaniá aufsetzen. Sie interessieren ihn mehr als der Riesenfenchel, der zwischen den Ruinen der antiken Stadt Polirrínia wie ein Zauberbaum üppig sprießt. Das auffällige Gewächs, das in der Antike Kulturgeschichte schrieb, blüht im Frühjahr gelb, im Herbst ragen seine vertrockneten Stängel bis zu drei Meter hoch auf. Sein Mark glüht, einmal entglimmt, tagelang. So diente es früher Fischern und Seeleuten als Feuerquelle auf See – und so brachte Prometheus den Menschen das erste Feuer vom Himmel auf Erden. Dionysos, dem orgiastischen Gott des Weins und des Theaters, war der Stängel des Riesenfenchels hei-

Das Inselinnere ist auch im Westen zerfurcht und trocken; dennoch gibt es grüne Regionen wie die Kastanienwälder um Élos (links oben). Auf bald 1000 Jahre blickt die schlichte Erzengelkirche bei Episkopí zurück (links unten). Beim Bergdorf Azogirés liegt die Höhle Agíon Patéron (rechts).

Zu den schönsten Ausblicken rund um Delianá gelangt man zumeist nur auf schmalen Pfaden.

Auch Kretas Esskastanienkulturen haben ihre besten Zeiten lange hinter sich.

Zweiter Weltkrieg

Special

Grausame Jahre

Auf ganz Kreta erinnern Mahnmale an Gräueltaten der deutschen Wehrmacht.
In den Morgenstunden des 20. Mai 1941 startete die deutsche Luftwaffe, von Bomberangriffen unterstützt, ihren Überfall auf Kreta. Schon zum Monatsende war die Insel erobert. Die hier stationierten Truppen des britischen Commonwealth zogen sich an die Südküste zurück und wurden nach Ägypten evakuiert. Dorthin verschleppten kretische Partisanen im Frühjahr 1944 auch den Nazi-General Heinrich Kreipe. Wie stets nach derartigen Aktivitäten wurde dafür die Zivilbevölkerung zur Rechenschaft gezogen: Dutzende Dörfer wurden niedergebrannt und für jeden von Partisanen getöteten deutschen Soldaten zehn Männer von 14 Jahren bis ins Greisenalter erschossen.

lig: Den Anhängern des Gottes bildete dieser – bekrönt von einem Pinienzapfen – den als phallisches Symbol verehrten Thyrsos-Stab. Vielleicht zogen sie im ersten vorchristlichen Jahrtausend auch durch das Städtchen Polirrínia, dessen spärliche Ruinen heute einsam an und auf einer Hügelkuppe mit Meeresblick eine von vielen archäologischen Stätten der Insel bilden, die Besucher ganz ohne Einzäunung und Wärter mit Trillerpfeife in aller Muße durchstreifen können.

LÄNDLICHKEIT ALS PROBLEM

Für die vielen entlegenen Dörfer des äußersten Westens von Kreta ist das Städtchen Kíssamos mit seinen 3800 Bewohnern das Zentrum. Vormittags wirkt es äußerst betriebsam, kommen doch dann die Bauern mit Pick-ups, erledigen Einkäufe und tätigen Behördengänge.

Zu den Schulen aller Stufen werden die Schüler mit Schulbussen und teilweise sogar mit Taxen auf Staatskosten gebracht. Das ist ebenso unausweichlich wie der Bau der vielen neuen Asphaltstraßen in die entlegensten Ecken der Region. Pro Auto, das sie täglich befährt, sind sie oft teurer als ein entsprechendes Stück deutscher Autobahn – aber absolut notwendig, will man die Landflucht stoppen. Griechenlands Staatshaushalt wird seine für Urlauber so angenehme Ländlichkeit zum Fluch. Denn das ganze Land ist, wie Kreta, topografisch vielfältig, von Hochgebirgen geprägt und reich an Inseln. Die Fährverbindungen zu diesen Inseln müssen subventioniert werden, und an einigen Inselschulen kommen zwölf Lehrer auf 18 Schüler. Um diese Kostenstrukturen zu tragen, ist das Land auf das Verständnis Europas angewiesen.

WANDEL AN DER SÜDKÜSTE

Neue Straßen bringen Veränderungen mit sich. Soúgia, einem der wenigen Hafenorte an der Südküste der Region, hat die Straße hinüber zur Nordküste seiner früheren Bedeutung beraubt. Noch bis in die Nachkriegszeit hinein war es der zentrale Verknüpfungspunkt zwischen den Bauerndörfern im Hinterland und der Außenwelt. Hierher kamen die Frachtsegler aus Piräus und Iráklio, um Waren aller Art anzubieten und die Produkte der Landwirte zu exportieren. Gemeinsam feierten Bauern, Händler und Seeleute in den Tavernen des Dorfs. Die Straße hat Soúgia allerdings auch eine neue Wirtschaftsgrundlage beschert: ein wenig Tourismus. Der spielt sich hier wie in vielen Küstenregionen der Insel nicht in Clubanlagen und Hotelklötzen ab, sondern unter Einheimischen. Auch das schätzt mancher an Kreta.

Die urigsten Bergdörfer

KRETA ABSEITS DER KÜSTE

Viel urwüchsiger als die modernen Küstenorte sind viele Dörfer im Inselinneren, in denen die Einheimischen noch weitgehend unter sich sind. Besucher sind überall willkommen und werden mit etwas Glück unvergessliche Stunden inmitten der kretischen Landbevölkerung erleben. In etlichen Dörfern kann man sogar übernachten.

1

3

1 Mochós (zwischen Nordküste und Lassithi)

Schon bei der Anfahrt von Stalida (zwischen Liménas Chersónisou und Mália) aus bieten sich einem wunderbare Aussichten auf Kretas Nordküste. In Mochós angekommen, dürfen sich die Besucher auf einen der schönsten Dorfplätze der Insel freuen, auch wenn der Verkehr zur Lassíthi-Hochebene drüber rollt. In den vielen Cafés und Tavernen lässt man sich davon ohnehin nicht stören. Die Dorfkirche am Platz steht immer offen. Und das Kafenío O Skotianós (100 m von der Platía Richtung Lassíthi) ist über und über mit Porträts von Helden aus Mythen und Landesgeschichte geschmückt – selbst die Stuhllehnen. Der betagte Wirt ist ein Schatz!

13 km südöstlich von Liménas Chersónisou

2 Spíli (N. Réthimnou)

Das Bergdorf besitzt neben viel historischer Bausubstanz auch einen alten venezianischen Brunnen mit 19 wasserspeienden Löwenköpfen und einen modernen Bischofspalast mit angeschlossenem Priesterseminar. Dessen Schüler sitzen mitunter auch in den herrlich schattigen Cafés an der Platía mit dem Brunnen. Spaß macht auch der botanische Garten im Dorf mit sensationellem Shop, sehr nettem Café mit guten kretischen Snacks und dem Green Hotel (maravelspili.gr).

30 km südöstlich von Réthimno

3 Kalamáfka (N. Lassithis)

Die Platía des kleinen Dorfs, das an einer atemberaubenden, kurvenreichen Straße liegt, wird von einem Fels überragt, in dem nicht nur die Einheimischen Gesichter von Tieren und Fabelwesen erkennen. 225 Stufen führen auf den Gipfel mit der Höhlenkapelle Tímios Stavrós hinauf. Oben angekommen, macht die fantastische Aussicht auf Ierapétra und die Südküste die Mühen des Aufstiegs wett. Im Ort gibt es mehrere Kafenía, Snackbars und einen Minimarkt (Káfe Pantopólio Platía), Eine grandiose Aussicht und eine sehr gute Küche besitzt die Taverne Panorama. Die Atmosphäre ist herzlich. Gut ins Gespräch kommt man bei einem Raki auch im Kafenío Kastéllos am Dorfplatz.

22 km nordwestlich von Ierápetra

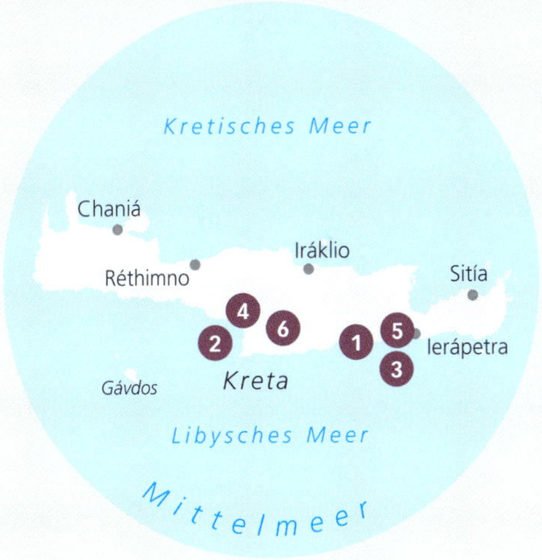

4 Melidóni

Das Dorf mit altem venezianischen Ortskern liegt in einem grünen Talkessel. Eine Olivenölfabrik (www.paraschakis.gr) am Dorfrand kann besichtigt werden; die Besitzer vermieten auch zwei schöne Ferienhäuser. Etwas außerhalb liegt am Felshang über dem Dorf eine kleine Tropfsteinhöhle, in der die Türken 1824 Hunderte von Dorfbewohnern ausräucherten. Am Sträßlein zum Nachbarweiler Agiá glühen immer noch Holzkohlenmeiler, am winzigen Dorfplatz bekommt man in der netten Taverne Bubo-Bubo im Herzen Melidónis auch etwas zu essen.

31 km südöstlich von Réthimno

5 Foúrni

Das alte venezianische Dorf lebte einst bestens vom Getreideanbau, von dem noch offene Zisternen auf den Feldern zeugen. Man konnte sich den Bau venezianischer Kapellen leisten, die heute stets verschlossen sind. Bei einem kurzen Spaziergang erkennt man noch viele architektonische Schmuckelemente und schöne Bögen aus venezianischer Zeit. Ebenfalls reizend ist auch der Anblick von Geranien und anderen Blumen, die aus dem kaum befahrenen Asphalt sprießen. Gut sitzen kann man bei Maria und Kóstas im Kafenío Plátanos unter einer über 250 Jahre alten, einarmigen Platane und Maulbeerbäumen, in denen Zikaden konzertieren.

18 km nordwestlich von Ágios Nikólaos

6 Korfés (bei Iráklio)

Ein ganz normales kretisches Bergdorf: Vor der Kirche sitzen alte Männer im Baumschatten. Im Kafenío gegenüber hat wahrscheinlich seit drei Monaten niemand mehr aufgeräumt. Das Brennholz für den nächsten Winter liegt neben der Tür, der Bollerofen, den es beheizen soll, ist für die Sommermonate auf den Balkon verbannt worden. Auf einem Tisch an der Wand liegen die Stromrechnungen für die Dorfbewohner. Wer schlecht sehen kann, lässt sie sich von einem anderen Gast vorlesen. Man kennt sich seit Jahrzehnten – und hat immer noch viel zu diskutieren. Wer auch ins Gespräch kommen möchte: Am schönen Kirchplatz ist das bei gutem Essen möglich, entweder im Kafenío stou Kápsali oder im To Stéki Ton Korfón.

18 km südwestlich von Iráklio

Maßstab 1 : 265 000
0
5 km
Kritikó Pélagos
Kólpos Chaníon
Kólpos Kissámou
Livikó Pélagos
Akr. Spátha
Zovígli
370 m
Akr. Skála
Díktina
Akr. Koúlkis
Mourí
747 m
Órmos Ménies
Akr. Chironísi
Akr. Kókkala
Àgria Gramvoúsa
Akr. Voúxa
119 m
Gramvoúsa
116 m
Kástro Gramvoúsa
Órmos Gramvoúsa
Bálos Beach
Agnion
Órmos Ágios Sóstis
Akr. Tigáni
117 m
Ágios Sóstis
170 m
435 m
Pondikonísi
Gramvoúsa
Agía Iríni
Akr. Gaidaropóros
Gerosínos
762 m
Ágios Ioánnis Giónis
Onichás
748 m
Akr. Nísi
Rodopoú
Elinóspilios
Spitakioú Korifí
646 m
Akr. Kremmídi
Afráta
Afráta Beach
Rodopós
Ροδωπός
Moní Goniás
Kolimbári Beach
Minothianá Beach
Astratigés
Kolimbári
Κολυμβάρι
Ravdoúcha Beach
Áspra Nerá
Ravdoúcha
Akr. Síderis
Kamára
Minothianá
Rapuniana
Tavronítis Beach
Akr. Tavronítis
Máleme Beach
Platanías Beach
Nisí Ágii Theódori
165 m
Chaniá Beach
Aptera Beach
Eot Beach
Óasis Beach
Glaros Beach
Skoutelónas
Tavronítis
Máleme
Μάλεμε
Plataniás
Πλατανιάς
Agía Marína
Káto Stalós
Kaliviani
Akr. Kavonísi
Vigliá
Falásarna (Phalasarna)
Azogirás
Nisí Petalída
Falásarna
Néo Chorió
Piperianá
Falásarna Beach
Órmos Livádi
Koursári
Prasonísi
Akr. Touzoúla
Limani
Kochlidokéfala
239 m
Venoudianá
Kíssamos (Kastélli)
Κίσσαμος
Trachílos
Míthimna
Nopígia
New Road
Old Road
Kalidónia
Spiliá
Nochiá
Darmarochóri
238 m
Kalithéa
Dt. Soldatenfriedhof
Geráni
Módi
Modéa
Stalós
Galatás
Chani
Xani
Fournádos
Zoodóchos Pigí
Zerviană
Lárdas
Kounoupítsa
Kallergianá
Metóchi
Paléokastro
Kavoúsi
Plátanos
Πλάτανος
Polirrinía
Polyrheneia
Lousakiés
Drapaniás
Koléni
Kaloudianá
Rotónda
Episkopí
Drakóna
Voúves
Ag. Stéfanos
Rókka
Ástrikas
Koulkouthianá
Glóssa
Farángi Rókkas
Pervolákia
Potamida
Voulgáro
Sfakopigádi
Trialónia
Deliană
Panéthimos
Karés
Voukoliés
Βουκολιές
Anóskeli
Sirílio
Kipárissos
Zounáki
Xerokámbi
Loutráki
Vríses
Psathogiánnos
Neriană
Néo Chorió
Manolioúpoulo
Ágios Kir-Ioánnis
Koufós
Apothíkes
Episkopí
Agiá
Kirtomádos
Perivólia
Περιβόλια
Mournié
Μουρνιέ
Óasi
Varípetro
Témbla
542 m
Panagiá
Vané
Moulamerianá
Pigí
Skonízo
Vatólakkos
Βατόλακκος
Alikianós
Αλικιανός
Fournés
Φουρνές
Skinés
Σκινές
Derés
Koukounará
Kaláthenes
Mournó
Farángi Deliană
Zimbragós
Fotokádo
Maláthiros
Topólia
Agía Sofia
Mánna
890 m
Akr. Papamoúri
Órmos Sfinári
Sfinári
Límni
908 m
Sinenianá
Sirikári
Kiolianá
Kakópetros
Mesávlia
Platanés
Áno Kefála
Plataniá
1849 m
Papadianá
Langós
Chliaró
Meskla
Μεσκλά
Farángi Therisiá
Akr. Kórakas
Órmos Platanákia
Akr. Poúnta
Áno Sfinári
Kostogiánides
Koutsomatádos
Sásalos
Meliá
Manerianá
Tzanianá
Vlátos
Kechrés
929 m
Paleá Roúmata
Néa Roúmata
Michalianá
Orthoúni
Karés
Kalamonítes
Tavronítis
Fassás
Theriso
Karános
Rizínia
Sotirós Christós
Lákki
Afrotoláki
Kámbos
Κάμπος
Órmos Kámbou
Melisiá
Plagiá
Akr. Koútoulos
Koutroúlis
1071 m
Rogdiá
Míli
709 m
683 m
Floriá
Chostí
Xirokefália
1238 m
Zoúrva
Xerokoké
Batsianá
Keramotí
Aerinós
Límni
Kamilianá
Strovlés
Sémbronas
Prasés
Skidiá
Akr. Xeftó
Amigdalokefáli
Kefáli
Loúchi
Livádia
Papadianá
Élos
Simandiriana
Váthi
Perivólia
Spína
1234 m
1317 m
NOMOS CHANIA
Nerantzóporta
Kalóros
1925 m
1000 m
500 m
200 m
Plokamianá
Aligí
Psarianá
Apopigádi
1331 m
Omalós
Ομαλός
Omalos
Kat. Kallérgi (EOS Chaniá)
1677 m
Psári
1818 m
Melindaoú
2134 m
Akr. Mávros
Kefália
Stómio
Órmos Stomíou
Tzitzifiá
Ágios Dikéos
1182 m
1102 m
Kándanos
Κάντανος
Drís
Agía Anná
Anisaráki
Kavallarianá
Agía Ríni
Skáfi
Tourlí
1458 m
Epanochóri
Xilóskalo
1227 m
Ethnikós Drimós Samariás
Ágios Nikólaos Samaria
Moní Chrisoskalítissa
Chrisoskalítissa
Áspri Límni
Moustakós
Vothianá
Chondrós
Kopetí
Plemenianá
Vamvakádes
Ráhmpi Lákkos
1003 m
Archontikó
Stavrós
Tsiskianá
Tsiskianá
Farángi Agía Iríni
Kambanós
Agrilés
Éliros
Psiláfi
1985 m
Gíngilos
2080 m
Farángi Samariás
Timíos Stavrós
Sklavopoúla
Doúpolis
Kalamiós
813 m
Voutás
Sarakína
Kakodíki
Anemomílos
936 m
Teménia
Livádá
Rodováni
Moní
Kamária
Koustogérako
Volakiás
2117 m
Psírita
1795 m
Sideroportes
Azogirés
Kondokiníg
Vlithiás
Kádros
Ágii Patéres
Platanés
Irtakína
Síkotripa
694 m
Livadás
801 m
Farángi Tripití
1315 m
Farángi Eligiás
Elafonísi
432 m
Spaniákos
Kálamos
Ágii Theódori
Azogirés
Elafonísi Beach
Kedrodásos Beach
Órmos Vroulia
Ágios Ioánnis
Viéna
Agía Triáda
351 m
Ánidri
Várdia
581 m
Pródromi
Pidaráki
362 m
Soúgia
Σούγια
Órmos Soúgias
Lissós
Tripití
Pikilássos
Pálea Agía Rouméli
Tarrá
Agía Rouméli
Αγία Ρουμέλη
Ágios Pávlos
Órmos Agía Rouméli
Gialós
Kondoura
Paleochóra
Παλαιοχώρα
Kástro Selínos
Krios Lake Beach
Akr. Kriós
Kriós Beach
Órmos Krioú Chalikia
Kondourá Beach
Gramméno Beach
Akr. Trachíli
Plakáki Beach
Pachiá Ámmos Beach
Paleochóra Beach
Anídri Beach
Akr. Gialiskári
Gialiskári Beach
Akr. Plákes
Akr. Flomés
Akr. Mávro Moúri
Lissós Beach
Órmos A. Kírikos
Soúgia Beach
Akr. Tripití
Tripiti Beach
Domáta Beach
Akr. Kalotrividis
Órmos Selíno Kastélli
E65
A90
E4
90
1
2
3
4
5

KRETAS WILDER, UNBEKANNTER WESTEN

Über dieser Region liegen noch die Ruhe und der Charme vortouristischer Zeiten. Statt Hochgebirgen warten stark zerklüftete Hügel- und Felslandschaften, Schluchten und Steilufer sowie einige lange, feinsandige Strände. Große Hotels fehlen, und ein eigenes Fahrzeug ist zur Erkundung der Region unerlässlich.

1 Kolimbári

Kolimbári (1100 Einw.) bildet den westlichen Auftakt zur touristisch gut erschlossenen Nordküste, ohne auch nur einen Hauch von Trubel zu versprühen. Ein echtes Dorfzentrum fehlt, nur ein langer Kiesstrand lädt zum Baden ein.

SEHENSWERT
Das **Kloster Moní Goniás** am nördlichen Ortsrand wurde im 17. Jh. erbaut und besitzt als Kuriosität ein Fresko, auf dem heidnische Monarchen im christlichen Paradies weilen: der Römer Augustus, der Perser Darius und der Grieche Alexander der Große (tgl. ab 9.00 Uhr). Der moderne Bau der Orthodoxen Akademie (www.oac.gr/en), 1 km weiter nördl., ist Ökumenische Begegnungsstätte, zu der auch ein kleines Botanisches Museum gehört.

HOTEL UND RESTAURANT
Das € € **Mrs Chryssana Beach Hotel** bezaubert mit direkter Strandlage, einem schönen Pool, Garten und freundlichen, minimalistisch eingerichteten Zimmern (Tel. 2824 02 28 12, www.hotelbrain.com/hotels-in-crete). Mehrere gute € € € **Fischtavernen** finden sich am Meer zwischen Strand und Hafen.

UMGEBUNG
Auf dem deutschen Soldatenfriedhof von **Máleme** (10 km östl.) ruhen 4465 Gefallene.

INFORMATION
www.kolimbari.de (private Website)

Kloster Moní Goniás bei Kolimbári (links), Wanderer bei Delianá (oben).

Tipp

Griechisch lernen

Der Urlaub auf Kreta macht mehr Spaß, wenn man das griechische Alphabet entziffern und einfache Sätze auf Griechisch sagen, Fahrpläne lesen oder auch landestypisch fluchen kann. Die Niederländerin Corinne Falagáris gibt in Soúgia Sprachkurse, die ganz auf diese Wünsche abgestellt sind. Drei Stunden morgens wird gebüffelt, bevor gebadet und in Kaffeehäusern palavert werden kann. Corinne bietet auch Kurse für Kinder und Fortgeschrittene an.

INFORMATION
Corinne Falagaris, Soúgia, Tel. 28230 514 85, www.sougia.info/ger/greek-language-course.htm

2 Kíssamos

In dem beschaulichen Landstädtchen (4300 Einw.) spielt der Tourismus nur eine Nebenrolle. Er konzentriert sich auf eine 200 m kurze, modern gestaltete Uferpromenade. In den Kafenía und Gemischtwarenhandlungen herrscht noch die Atmosphäre vergangener Jahrzehnte vor, Landbevölkerung prägt das Straßenbild.

SEHENSWERT
Das kleine **Archäologische Museum** ist in einem repräsentativen Bau aus venezianisch-osmanischer Zeit untergebracht und präsentiert Funde aus der Region, u. a. ein großes farbiges Bodenmosaik aus der Zeit um 200. Seine über 200 Einzelmotive haben alle einen Bezug zu Dionysos, dem Gott des Weines (Platía Stratigoú Tzanakáki, Tel. 2822 08 33 08; Mi.–Mo. 8.30–15.30 Uhr). Idyllisch ist der kleine **Fischerhafen** zwischen der Stadt und dem 2 km nordwestlich gelegenen Fährhafen, von dem Schiffe zum Peloponnes (mit Zwischenstopp auf den Inseln Kíthira und Antikíthira) und nach Piräus sowie Ausflugsboote nach Gramvoúsa ablegen.

AKTIVITÄTEN
Gebadet wird an zwei **Sand-Kies-Stränden:** am 400 m langen und bis zu 12 m breiten Mávro Mólos Beach, 5 Gehminuten westlich, und am etwas längeren Telonío Beach unmittelbar östlich der Uferpromenade.

HOTEL UND RESTAURANT
Familiär geführt ist das kürzlich renovierte € € **Hotel Aphrodite Beach** direkt am Mávros Mólos Beach (Odós Agamémnos 49, Tel. 2822 08 33 63, aphroditebeach.gr). Die € € **Taverne The Cellar** liegt direkt am Telonio Beach. Das

familiengeführte Restauant ist bekannt für seine herzliche Gastfreundschaft und die leckere regionale Küche (Tel. 2822 02 37 00).

UMGEBUNG
Polirrínia (7 km südl.) fasziniert vor allem durch die einsame Lage der spärlichen Ruinen der antiken Siedlung, die im 8. Jh. v. Chr. gegründet wurde und frei zugänglich ist.
Als Tagesrundfahrt bietet sich eine 42 km lange Autotour durch die Hügel- und Schluchtenlandschaft rund um **Delianá** (21 km südöstl.) an. Am Weg dorthin liegt **Rókka** wie ein Adlerhorst über der gleichnamigen Schlucht. Das in einem Taleinschnitt zwischen zwei Schluchten verborgene Delianá besitzt mit dem To Ferági eine ausgezeichnete Taverne. Wirt Yannis trägt die Speisekarte mündlich vor und serviert lokale Weine. Nördlich von **Ástrikas** geht es weiter zur Olivenölmanufaktur Biolea mit ausgezeichnetem Restaurant (Führungen über www.biolea.gr, Restaurant Di.–So. 10.00–17.00 Uhr, bitte reservieren) und zur Rotónda genannten Erzengelkirche von **Episkopí** aus dem 11. Jh. mit ihrer einzigartigen Kuppe (694 352 82 29, Mo., Mi.–Fr. 9.30 bis 16.30 Uhr).1 km nördlich versteckt sich eine Minute von der Straße entfernt in dichtem Grün die Kapelle Ágios Stéfanos (frei zugänglich) aus dem 11. Jh. Die Ausgrabungen einer antiken Hafensiedlung und ein langer Sandstrand mit hohen Dünen und Tavernen machen **Falásarna** (16 km westl.) attraktiv.

INFORMATION
www.kissamosnews.com (private Website)

Tipp

Ein Öko-Traum

Miliá, abseits der Straße von Topólia nach Élos, ist das ungewöhnlichste Feriendorf der Insel. Zwölf Jahre lang waren junge Enthusiasten damit beschäftigt, ein verlassenes Dorf und seine verwahrlosten Ländereien nach streng ökologischen Prinzipien zu neuem Leben zu erwecken. Jetzt bieten sie 13 Zimmer in Natursteinhäusern an, in denen teilweise anstehender Fels die Wände bildet. Die Sonnenstrahlen sorgen für Strom, Kerzen für Licht und offene Kamine oder Holzöfen für winterliche Wärme. Im Restaurant wird bodenständig mit Produkten vom eigenen Land gearbeitet. Mountainbikes können ausgeliehen werden; zudem wurden sechs Wanderwege von 5 bis 18 km Länge markiert.

INFORMATION
€ € € Milia Mountain Retreat, GR-73012 Vlátos, Tel. 2821 04 67 74, www.milia.gr

Am Strand von Elafonísi (oben), Blick auf Paleochóra (rechts oben), Bodenmosaik in der Dorfkirche von Soúgia (rechts unten)

3 Elafonísi

Ein schmaler Streifen mit feinem Sand und nur knietiefes Wasser verbindet die unbewohnte „Elefanteninsel" nahe dem Kloster Chrisoskalítissa mit der kargen Westküste Kretas. Der Strand zieht sich über mehrere Kilometer weiter nach Süden, das Hinterland ist nahezu unverbaut. Mehrere Tavernen versorgen den sommerlichen Ansturm von Tagesausflüglern. Wer über Nacht bleibt, hat mehr vom Besuch.

SEHENSWERT
Das schneeweiße **Moní Chrisoskalítissa** aus dem 17. Jh. liegt auf einem niedrigen Fels fast direkt am Meer. Es zeigt eine museal eingerichtete Mönchszelle und eine kleine Ausstellung nachbyzantinischer Ikonen (tgl. 7.00–19.30 Uhr). Am 1,5 km entfernten natürlichen **Felsschwimmbecken Áspri Límni** verzeichnen Botaniker den westlichsten Standort der kretischen Palme.

HOTELS UND RESTAURANT
Ein schwedisch-griechisches Paar betreibt an der Straße beim Kloster die **€ Pension Glykería** mit kleinem Pool und Taverne (www.glykeria.com). Am Strand von Elafonísi wohnt man im schlichten **€ Elafonísi Village** (Tel. 2822 06 15 48) oder im familiengeführten **€ Elafonísi Resort** mit schönem, einfachem Restaurant (www.elafonisi-resort.com, Tel. 2822 06 12 74).

UMGEBUNG
Die Zufahrtsstraße von der Nordküste her durchquert bei **Topólia** den ältesten Straßentunnel Kretas. Wegweiser führen in die 1,5 km lange, vegetationsreiche Schlucht Farángi Topólia und zur unbeleuchteten Tropfsteinhöhle Spilia Agía Sofia mit Höhlenkirche hinauf. Später passiert sie das Dorf **Élos,** Zentrum des Esskastanienanbaus der Insel, mit netten Tavernen und einigen Ständen mit lokalen Produkten.

4 Paleochóra

Ein breiter Sandstrand im Westen und ein Steinstrand im Osten säumen die Halbinsel, auf der das „Alte Hauptdorf" (2100 Einw.) steht. Seit den 1970er-Jahren ist es ein Dorado für Rucksackreisende, von denen hier viele alten Zeiten nachträumen. Die Hauptstraße verwandelt sich allabendlich in eine riesige Taverne.

SEHENSWERT
Die Burgruine des von Venezianern 1282 erbauten **Kástro Sélino** nahe der Spitze der Halbinsel ist ein beliebter Treff zum Sonnenuntergang.

AKTIVITÄTEN
Mehrmals tgl. fahren **Ausflugsboote nach Elafonísi** (u. a. www.paleochoradiscover.com, selinotravel.gr) – mit viel Glück sieht man auch Delfine oder Wale. Mit Linienschiffen kann man Tagesausflüge nach Soúgia und nach Agía Roúmeli am Ausgang der Samaría-Schlucht unternehmen. Mehrmals wöchentlich veranstalten die hiesigen Reisebüros geführte Wanderungen durch die Samariá-Schlucht und zur antiken Stadt Lissós. **Hatha-Yoga-Kurse** können über Vila Marise (s. u.) gebucht werden (1 Std./10 €).

HOTELS UND RESTAURANTS
Die **€ € Villas Europa, Candia, Marise und Andel** stehen direkt an einem Abschnitt des langen Sandstrands mit alten, Schatten spendenden Tamarisken und zwei Pools in einer gepflegten Gartenanlage (westl. Uferstraße, Tel. 2823 08 30 18, 2823 04 11 62, villamarise.com). Die drei **€ € Corali Studios** mit Hafenblick sind eine sehr gute Wahl mit ihrer modernen Möblierung, Balkon, Gratis-Wifi und Restaurant – und nur 5 Min. vom Sandstrand entfernt (östl. Uferstraße, Tel. 697 436 18 68, corali-studios.com).

Das € € **Third Eye** ist eines der ältesten vegetarischen Restaurants Griechenlands; die Rezepte stammen aus aller Welt (20 m südl. der Straße von der Hauptkreuzung zum Sandstrand, Tel. 28230 412 34, thethirdeye-paleochora.com). Traditionelle griechische Küche – vieles davon aus dem Holzofen – gibt's bei € € **Méthexis** direkt am Meer (östl. Uferstraße, kurz vor dem Hafen, www.facebook.com/MethexisTaverna, Tel. 2823 04 14 31).

UMGEBUNG
Die Klosterkirche Ágion Patéron, 5 Gehminuten unterhalb des stillen Bergdorfs **Azogirés** (8 km nordw.), ist halb in einen Fels hineingebaut. 3 km oberhalb des Ortes führen rostende Leitern in die Höhle Ágion Patéron, in der im 12. Jh. Mönche gelebt haben sollen (ausgeschildert). Im Bergdorf **Sarakína** (13 km nördl.) birgt die Kirche des Erzengels Michael restaurierte Wandmalereien aus dem 14. Jh. (Schlüssel in einer Nische über der Tür).

INFORMATION
Städt. Tourist-Information in einem kleinen weißen Gebäude an der Ecke der Strandpromenade, www.visitpaleochora.com; www.paleochora.com (private Website)

5 Soúgia

Seit Soúgia (100 Einw.) seine Bedeutung als Warenumschlagsplatz für das Hinterland an die Straßenverbindung zur Nordküste verloren hat, lebt es fast nur noch vom Individualtourismus, der die Weltferne des Örtchens schätzt. Gebadet wird an einem langen Kiesstrand.

SEHENSWERT
Die Dorfkirche **Ágios Pantelímonas** steht über Teilen des Bodenmosaiks einer frühchristlichen Basilika (Schlüssel in der Raki Bar).

HOTELS UND RESTAURANTS
Das € **Santa Irene** an der Uferstraße bietet 15 Studios und Apartments (Tel. 2823 05 13 42, santa-irene.gr). Das € € **Syia Hotel** wenige Fußminuten landeinwärts ist das komfortabelste und modernste im Ort (Hauptstraße, Tel. 2823 05 11 74, www.syiahotel.com). Das direkt am Meer gelegene € € **Restaurant Ómikron** ist schon zum kretischen Frühstück geöffnet und serviert kretische, französische und internationale Gerichte (östl. Uferstraße, Tel. 2823 05 14 92). Eine Traditionstaverne ist das € € **Lívykon** mit kretischer Livemusik (westl. Uferstraße, Tel. 2823 05 14 14).

UMGEBUNG
Der Europäische Fernwanderweg E4 führt von Paleochóra über **Líssos** mit seinem antiken Äskulap-Heiligtum hierher (5–6 Std., nur für erfahrene Wanderer). Im Heiligtum sind u. a. die Reste eines dorischen Tempels mit römischem Fußbodenmosaik zu sehen.

INFORMATION
sougia.info (priv. Website, auch Wandertipps)

PIRATENNEST UND BADEPARADIES

Täglich starten Ausflugsdampfer von Kíssamos zur Tageskreuzfahrt in den äußersten Nordwesten der Insel. Nach einstündiger Fahrt wird die venezianische Burg auf der unbewohnten Felsinsel Gramvoúsa bezwungen, dann geht es weiter zum Badestopp an der Lagune von Bálos.

Der Kurs führt – immer dicht an den Felsen der Gramvoúsa-Halbinsel entlang – aus der weiten Bucht hinaus und westlich ums 119 m hohe Kap Voúxa herum, bis Steuerbord voraus – also rechts – die Felsinsel Gramvoúsa aus dem Meer steigt. Fast unverändert ist sie seit den Zeiten, als die Venezianer 1579 hier eine wuchtige Schutzburg erbauten; später war sie idealer Unterschlupf für Korsaren. 20 bis 30 Fußminuten dauert der Aufstieg zu den höchsten Zinnen, der mit einem traumhaften Blick auf die in allen erdenklichen Blau- und Türkistönen schimmernde Lagune in Bálos und weit entlang der Westküste belohnt wird.

Unweit des kleinen Hafens von Gramvoúsa ist das 35 m lange Wrack eines halb versunkenen und rostigen Motorschiffs den Gewalten von Sonne und Regen, Wind und Wellen ausgesetzt.

An Bord zurückgekehrt, hält die Crew schon Fleischspießchen zur Stärkung bereit und vermietet anschließend Sonnenschirme. Die leisten wertvolle Dienste beim Badestopp auf dem goldgelben, völlig schattenlosen Sand der Lagune, durch die Nimmermüde auch zur etwa 15 Minuten entfernten Taverne waten können. Sie ist das einzige Gebäude weit und breit, stört aber überhaupt nicht den Eindruck völlig unberührter Natur.

Tickets in Reisebüros in West-Kreta oder am Hafen von Kíssamos (Tel. 2822 02 28 88, www.cretandailycruises.com). Abfahrt 10.40, Rückkehr gegen 18.00 Uhr, Aufenthalt auf Gramvoúsa 2 Std., auf Bálos 3 Std.; Insel und Halbinsel sind Schutzgebiete für Wildtiere.

Chaniá

*

SCHÖNE STADT IN RAUER NATUR

*

Gleich hinter Chaniá steigen die Weißen Berge bis auf beinahe 2500 Meter Höhe an. Ihre Gipfelregionen sind meist von November bis April schneebedeckt. In der Metropole mit ihrer ausgedehnten Altstadt spiegeln sich 5000 Jahre Geschichte, während sich die Insel in den Bergen und an der Südküste von ihrer wildesten Seite zeigt.

Die Janitscharen-Moschee bestimmt seit der Eroberung Chaniás durch die Türken das Bild des Hafens der Stadt.

Chaniás Synagoge liegt inmitten des Gassengewirrs der Altstadt, die nach Süden von der großen Markthalle begrenzt wird. Hier gibt es wirklich alles, was das Herz begehrt.

Die Molenspitze des alten Hafens von Chaniá markiert ein venezianischer Leuchtturm. Gegenüber liegt der rote Bau des Nautischen Museums.

An Chaniás venezianischem Hafen laden Pferdedroschken Besucher zu einer geruhsamen Stadtbesichtigung ein.

CHANIÁ WAR IMMER EIN ZENTRUM DES KRETISCHEN WIDERSTANDS.

Die Nikolaus-Kirche in Chaniá ist wohl das einzige Gotteshaus der Welt, neben dessen Fassade auf einer Seite ein Glockenturm und auf der anderen ein Minarett in den gemeinsamen Himmel ragen. Die Kirche war von den Osmanen noch im 19. Jahrhundert als Moschee genutzt worden. Für den Abriss des Minaretts fehlte den befreiten Chanioten das Geld, sie überließen dies dem Zahn der Zeit. Und setzten vor nicht allzu langer Zeit mit der Restaurierung dieses „Leuchtturms des Glaubens" ein beachtliches Zeichen für eine beginnende Aussöhnung mit dem Nachbarn Türkei, der bis heute so manchem Hellenen noch als Erzfeind gilt.

GESCHICHTE KOMPAKT

Zeichen dumpfen Hasses setzten hingegen griechische und ausländische Antisemiten, als sie im Winter 2009/2010 zwei Brandanschläge auf die kleine jüdische Synagoge Etz Hayyim in der Altstadt verübten. Internationale Hilfe sorgte für einen schnellen Wiederaufbau. Wer genau hinschaut, erkennt, dass auch die Synagoge einmal eine Kirche war. Die Hohe Pforte schenkte den venezianischen Bau im 16. Jahrhundert sephardischen Juden, die von der Iberischen Halbinsel vertrieben worden waren – der Sultan hatte sie nicht ohne Hintersinn als Wirtschaftsförderungsmaßnahme in sein Reich geholt.

Rakí hält auch die alten Herren bei Laune – hier vor einer Taverne an der Straße in die Weißen Berge.

Kleine Bergstraßen wie die durch die Therisianó-Schlucht südlich von Chaniá sind ein Radler-Dorado – wenngleich für das stete Auf und Ab ein wenig Kondition vonnöten ist.

Auf dem Weg in die Weißen Berge, die Lefká Óri, liegt der von einer strahlend weißen Kirche beherrschte Flecken Fournés an der Straße.

Die Bouzoúki wird neben der Lyra auch auf Kreta viel gespielt.

Jahrhunderte mussten vergehen, bis das venezianische „Erbe" wieder anerkennend in den Blick geriet: Eine Franziskanerkirche aus Venedigs Blütezeit wurde zum Archäologischen Museum. Die Lagunenstadt bleibt trotzdem omnipräsent in Chaniá. Die lang gestreckte Mole, die alten Schiffshallen am Hafen und die Stadtmauern sind prägnante Einzelbauten. Alte Palazzi und hohe Mietshäuser aus den Zeiten der Serenissima säumen die verwinkelten Altstadtgassen, in denen sich der planlose Wildwuchs der Bauten außerhalb der Mauern leicht vergessen lässt. Wie das als „Kudonija" gegründete Chaniá 2800 Jahre vor der Ankunft der Venezianer auf der Insel aussah, zeigt eindrucksvoll ein minoisches Siegel im Archäologischen Museum: Auf dem niedrigen Kastélli-Felshügel gleich über dem Hafen thronte ein mehrstöckiger, palastähnlicher Bau mit zwei Toren, dessen Dächer steinerne Stiergehörne als minoische Kultsymbole bekrönten.

GELUNGENES EXPERIMENT

Mit welchen Schiffen die Minoer vor 3500 Jahren das östliche Mittelmeer und die Ägäis durchkreuzten, zeigen minoische Fresken. 2001 machten sich Archäologen und Bootsbauer daran, so ein Schiff mit denselben Werkzeugen nachzubauen, wie sie den Menschen in frühgeschichtlicher Zeit zur Verfügung standen. Abgedichtet wurde der Rumpf mit Baumharz und Rindertalg. Am 29. Mai 2004 starteten sie im Vorfeld der Olympischen Sommerspiele zu einer historischen Reise über 210 Seemeilen von Chaniá nach Piräus. Drei Wochen später dort angekommen, war bewiesen, dass die Minoer mit Booten wie diesem – teils rudernd, teils segelnd – ein Handelsimperium hatten aufbauen können. Heute steht der Nachbau samt dem Werkzeug der Bootsbauer in einer venezianischen Schiffshalle am Hafen von Chaniá.

KLÖSTER VOR DER STADT

Während landesweit zwei Drittel aller Griechen in Städten mit mehr als 50 000 Einwohnern leben, sind es auf Kreta nur rund ein Drittel. Das Stadtleben erscheint den meisten als Notwendigkeit, aber nicht als erstrebenswert. Einige Hundert Kreter verweigern sich ganz der Weltlichkeit, sind als Mönche oder Nonnen ins Kloster gegangen. Dem Autor sind über 30 Konvente bekannt; es mögen mehr sein. Einige sind wohlhabend, besitzen Baugrund und verpachtete Ländereien, andere ernähren sich von harter Arbeit in der Landwirtschaft. Das Kloster Agía Triáda auf der Akrotíri-Halbinsel bei Chaniá ist zu einem der größten Produzenten hochwertigen Olivenöls auf der Insel geworden, dessen Produkte selbst in den Flughafen-Shops in den Regalen stehen. Andere widmen sich mehr seelsorgerischer Arbeit und betreuen priesterlos gewordene Gemeinden. Sozialarbeit, wie man sie in Westeuropa kennt, leisten die wenigsten; den orthodoxen Brüdern und Schwestern geht es vorrangig ums eigene Seelenheil – wie im Kloster Gouvernéto auf Akrotíri. Nicht orthodoxen Besuchern gegenüber geben sie sich unterschiedlich. Manche erhöhen die Hemmschwelle, indem sie nur auf Klingeln hin öffnen. In anderen stehen die Pforten weit offen, werden auch Touristen zu Kaffee oder Rakí eingeladen.

DIE LAGUNENSTADT VENEDIG IST OMNIPRÄSENT IN CHANIÁ.

Mit dem Blick nach Afrika: das Dorf Chóra Sfakío an der Südküste Kretas.

Dünenhaft säumen Sandaufwehungen den Strand
Órthi Ámmos bei Frangokástello.

Eine kleine exponierte Kapelle für glückliche Heimkehr: Georgioúpoli an der Nordküste.

Special

Rakí

Lebenselixier der Kreter

Der Tresterschnaps Rakí ist der Zaubertrank der Insel. Mit ihm werden Gäste zu jeder Tageszeit in Klöstern, Privathäusern und Tavernen begrüßt, er begleitet – mal mit Honig gesüßt, in den meisten Fällen aber pur – viele Mahlzeiten und beschließt sie als Digestiv.

Fast jedes kretische Dorf besitzt eine eigene Destille. Sie kann ganz unromantisch in Garagen und Lagerschuppen stehen, aber auch sehr idyllisch unter Ölbäumen. Zwischen Mitte Oktober und Mitte November werden dort die in Gärung übergegangenen Reste gepresster Trauben auf zwischen 30 und 40 Volumenprozent Alkohol gebrannt. Dann steigen überall in Dörfern und Olivenhainen Rauchsäulen auf, verraten weithin ihre Aktivität. Jeder Bauer bringt seine eigene Maische und erhält seinen daraus gewonnenen, ganz persönlichen Rakí. Da für die erteilten Brennlizenzen tageweise Steuern fällig werden, ist das Destilliergerät rund um die Uhr in Betrieb.

Das Brennen selbst gerät immer noch oft zum Fest, zu dem Familie und Freunde sich an der Destille versammeln, zum noch warmen Lebenselixier in der Glut gebackene Kartoffeln und Fleisch genießen, manchmal auch musizieren und tanzen.

RAUM FÜR STADTNEUROTIKER

Das weite Hinterland von Chaniá lässt für Stadtfluchten viel Raum. Die Kreter nutzen ihn vor allem im Winterhalbjahr eifrig. In zahlreichen Binnen- und Bergdörfern sind kleine Hotels und Pensionen entstanden, deren Übernachtungspreise denn auch an Winterwochenenden am höchsten sind. Man sitzt stundenlang bei Mahlzeiten am offenen Kamin oder unternimmt kleine Spritztouren im Auto.

Die Sommertouristen sind lieber zu Fuß unterwegs. Durchstreifen einsame Hochebenen wie die von Ómalos und Askífou, durchwandern tiefe Schluchten wie die von Samariá, Agía Iríni und Imbrós. Am Ende der Schluchtenwanderungen steht für die meisten ein Bad im Libyschen Meer, dessen steil aufragende Ufer nur für wenige Orte Platz lassen. Mit Loutró und Agía Rouméli gibt es sogar zwei Weiler, die an keine Straße angeschlossen sind. Sie werden von Kretas einziger noch aktiver Küstenschifffahrtslinie mit allem Notwendigen versorgt. Und so lebt es sich dort ganz anders als etwa in Kávros an der Bucht von Georgioúpoli im Norden, wo eine Schnellstraße Dorf und Strand trennt. Wer hinüber will, spielt mit dem Leben, denn es gibt zwar viele Hotels, aber weder Fußgängerampeln noch -tunnel.

Tierschutz auf Kreta

OHNE HERZ FÜR TIERE?

Herrenlose Hunde und Katzen sind auf Kreta ein allgegenwärtiger Anblick. Einige Tierschützer, meist Ausländer, kümmern sich um ihre Not. Sie sind auf die Mithilfe von Urlaubern angewiesen.

Was auf den ersten Blick wie Neugier wirkt,
ist häufig schierer Überlebenstrieb.

Kätzchen geben eines der beliebtesten Fotomotive auf Kreta ab. Hunde mischen sich auf Plätzen und Uferpromenaden zwanglos unter die Menschen, ziehen nachts auf Futtersuche durch die Straßen. Sie sind völlig ungefährlich, man lässt sie gewähren – zumindest im Sommer, wenn die Touristen sie durchfüttern. Im Herbst aber geht es ihnen an den Kragen. Giftköder werden ausgelegt, frische Würfe ertränkt – und im besten Fall den wenigen Tierschützern der Insel über den Zaun geworfen oder vor die Tür gelegt.

Silke Wrobel hat ein Herz für jegliche Kreatur, behaart oder gefiedert, uralt oder ganz jung.

EINE KLEINE ARCHE NOAH

Die norddeutsche Krankenschwester Silke Wrobel war lange die bekannteste Tierschützerin Kretas. Seit 1988 lebt sie in Chaniá, 1993 gründete sie ihren griechischen Tierschutzverein „Noahs kleine Arche". Ein ZDF-Film bescherte ihr im Jahr 2000 bundesweit Aufmerksamkeit, 2004 erhielt sie das Bundesverdienstkreuz für ihre Arbeit. Geholfen hat ihr das alles nur bedingt. Die nach dem Fernsehbericht eingegangenen Spendengelder kamen nach Querelen mit dem damaligen deutschen Förderverein, auf dessen Konto sie flossen, kaum bei ihr an, Nachbarn und Behörden machten immer wieder Schwierigkeiten. Das moderne Tierheim, von dem sie träumte, hat sie nie erbauen dürfen, obwohl sie dafür schon 2006 ein 7500 Quadratmeter großes Gelände auf der Halbinsel Akrotíri erworben hatte. Silke Wrobel schmiss das Handtuch, gab auf. Die aus Chaniá stammende, in den USA geborene und aufgewachsene Elisabeth Iliákis, Mutter dreier Kinder, übernahm das Gelände auf der Akrotíri-Halbinsel und betreibt dort nun ihr „Souda Shelter Project".

Es gibt zwar in Griechenland ein Gesetz, das Gemeinden verpflichtet, zusammen mit Tierschutzvereinen Tierheime zu errichten, doch daran gehalten hat sich niemand. Das ist – wie es in der schweren Wirtschaftskrise immer wieder deutlich wurde – ein ganz allgemeines Problem des Landes: Es gibt viel zu viele Gesetze, teils aus Gefälligkeit für bestimmte Interessengruppen, teils zur Zufriedenstellung der EU-Behörden in Brüssel erlassen, an deren Durchsetzung dann aber jedwedes allgemeines Interesse fehlt.

URLAUBER KÖNNEN HELFEN

Ob mit oder ohne Tierheim ist das Souda Shelter Project – ebenso wie die wenigen anderen, meist von Ausländern gegründeten Tierschutzvereine – auf die Mithilfe von Urlaubern angewiesen. Sie können nicht nur Patenschaften übernehmen, Geld und Futter spenden, sondern vor allem auch Tiere im Flugzeug oder Auto mit nach Deutschland nehmen und sie dort an schon wartende „Adoptiveltern" übergeben. Für die Vermittlung ist heute der deutsche Partnerverein Tierfreunde Kreta e. V. zuständig. Pro Jahr verschafft er etwa 500 zumeist jungen, kerngesunden Hunden und einigen meist behinderten Katzen ein neues Zuhause. Und manchmal bringt er auch Tiere zurück – wie jene kretische Schildkröte, die ein Urlauber unerlaubt als Souvenir mitgenommen hatte. Sie durfte dank der Tierfreunde ihr Leben in der kretischen Wildnis weiterführen, nachdem der deutsche Zoll sie entdeckt hatte.

Adressen

Souda Shelter Project
Kontaktaufnahme via Mail oder Facebook erbeten, www.soudashelter.org, onsciouscommunity@yahoo.com

Tierfreunde Kreta e.V.
Stefan Beier, Erbachhof 23, 71336 Waiblingen
Tel. 0163 7 24 26 91, www.tierfreunde-kreta.de

Kretahund
Astrid Collett und Torsten Funk, Klüthseehof 2, 23795 Klein Rönnau, www.kretahund.de, odyssee@kretahund.de

Maßstab 1 : 265 000
0
5 km
Kritikó Pélagos
Kólpos Chaníon
Akrotíri
Stavrós Beach
Órmos Kouíni Limáni
Akr. Tripití
Stavrós
Σταυρός
Vardiés
340 m
Moní Katholikó
Spíleo Arkoúdiotisa
Akr. Maléka
Akr. Mavromoúri
418 m
Moní Gouvernéto
Macherida Beach
Órmos Tersánas
Tersánas
Koumarés
Moní Agía Triáda
Órmos Kaláthas
Chorafákia
Chordakí
Sklópa
528 m
Seitan Limania Beach
Kalórrouma
Kaláthas
Ágios Onúfrios
Kounoupidianá
Kambáni
Mouzourás
Perivolítsa
Akr. Toúrkak
Koumbelí
Moní Kalegreón
Kathaniá
Aerodrómio Chaniá
Nisí Ágii Theódori
165 m
Platanias Beach
Chaniá Beach
Aptera Beach
Eot Beach
Óasis Beach
Glaros Beach
Agía Marína
Káto Stalós
Táfos Venizélos
Paxinós
Platanias
Πλατανιάς
Geráni
Korakiés
Aróni
Anemómili
Vígles
195 m
Pithári
Stérnes
Στέρνες
Akr. Pelegrí
Nea Kydonia
Vamvakó-poulo
CHANIÁ
ΧΑΝΙΑ
NAMFI Base
Maráthi
Nisí Paleosoúda
Módi
Modéa
Stalós
Galatás
NAMFI Beach
Minoá
Nisí Soúda
Vrísés
Óasi
Perivólia
Περιβόλια
Soúda
Órmos Soúdas
Psathogiánnos
Kirtomádos
Mourniés
Μουρνιές
A 90
Tsikalariá
Akr. Soúda
Órmos Vaskoú
Akr. Drápano
87 m
Ágios Kir-Ioánnis
Agiá
Moní Chrisopigís
Nerokoúros
Νεροκούρος
Kalámi
Izzedín
Kalíves Beach
Koufós
Episkopí
Varípetro
610 m
Megáli Choráfia
Kókkino Chorió
Apothíkes
Témbla
542 m
Vandés
Maláxa
Aptera
Kalíves
Καλύβες
Pláka
Akr. Schoinés
Vatólakkos
Βατόλακκος
Alikianós
Αλικιανός
Kontópoula
Old Road
New Road
Kambiá
Drapanokéfala
527 m
Panagiá
Farángi Georgítiko
Farángi
Almirída
Skinés
Σκινές
Fournés
Φουρνές
Aletrouvári
Loúlos
Farángi Díktamos
Serviótissa
Stílos
Tsiváras
Áspro
Ombrósgialos
Gerolákkos
Katochóri
Douliana
Gavalochóri
Akr. Konismátsa
Chliaró
Farángi Therisianó
Kámbi
Próvarma
Arméni
Palelóni
Kefalás
Κεφαλάς
Langós
Fassás
Platívola
Samónas
Néo Chorió
Νέο Χωριό
Vámos
Βάμος
Órmos Almiroú
Mesklá
Μεσκλά
Drakóna
Spiliária
Machéri
Ágii Pándes
Xirostérni
Orthoúni
Karános
Thériso
Litsárda
Karés
Rizínia
Sotirós Christoú
Chalássi
1221 m
Madaró
Ramní
Paidochóri
Kalamítsi Alexándrou
Sellía
Likotinaréa
Kalivaki Beach
Georgioupoli Beach
Chostí
Lákki
Pemónia
Kalamítsi Amigdalí
Kat. Vólika (EOS Chaniá)
1450 m
Melidóni
Frés
Φρές
Nípos
Vríses
Βρύσες
Exópoli
Xirokefália
1238 m
Zoúrva
Xerokokefála
1238 m
Tzitzifés
Georgioúpoli
Γεωργιούπολη
Kavrós
Akr. Korákas
Geráni Beach
Akr. Mavromoúri
Spíleo Geráni
1317 m
NOMÓS CHANIÁ
Vafés
Máza
Fonés
Nerantzóporta
Pírgos
571 m
Aspiouliáni
Drámia
Geráni
Atsipópoulo
Prinés
Omalós
Ομαλός
Kat. Kallérgi (EOS Chaniá)
1677 m
Kalóros
1925 m
Mávri
2069 m
Embrósneros
Alíkambos
Mathés
Mourí
Kávallos
Episkopí
Επισκοπή
Karotí
Pétres
989 m
Frantzeskianá Metóchi
Gál
Omalos
Melindaoú
2134 m
Línes
2093 m
Ágios Pnévma
2254 m
Vatoudiáris
Límni Kourná
Káto Valsamónero
Goniá
Psári
1818 m
Ágios Andréas
Xilóskalo
1227 m
Ethnikós Drimós Samariás
Kat. Talkis Koutsopoulos
Griás Soros
2331 m
Chalára
1068 m
Kournás
Κουρνάς
Kastéllos
Archontikí
Old Road
Kástellos
Ágios Nikólaos
Samariá
Agriokéfala
1478 m
Xilódema
800 m
Farángi Katré
Trípali
1494 m
Pátima
Kalonikťis
Psiláfi
1985 m
Gíngilos
2080 m
2347 m
Páchnes
2452 m
Kástro
2218 m
Ammoudári
Karés
Kástro Othomanikó
Omaníte
1158 m
Káto Póros
Zourídi
Ágios Konstantínos
Áno Valsamón
Volakiás
2117 m
Farángi Samariá
Kakovóli
2214 m
Kat. Távri (EOS Chaniá)
1240 m
Petrés
Goní
Argiroúpoli
Αργυρούπολη
Lappa
Roústika
Palélimnos
Saitoúres
Psírítra
1795 m
Zaranokefála
2140 m
Trocharís
2401 m
2008 m
Askífou
Asígonia
Ασήγωνια
Angathés
1511 m
Moúndros
Áno Maláki
Koúmi
Farángi Trípiti
1315 m
Sideropórtes
2243 m
Lefká Óri
Méga Orós
1181 m
Maroulóú
Vilandrédo
NOMÓS RÉTHIMNO
Agriokéfala
1074 m
Arolíthi
Velonádo
Chalára
Ímbros
Akonés
Miriokéfala
Roumbádo
Trípiti
Farángi Eligiás
Sfakiá
1046 m
Kallikrátis
Alónes
Ágios Ioánnis
Ágios Vasílio
Pikilássos
Pálea Agía Rouméli
Tarrá
Ásfendos
Kataporí
Krionerítis
Kalí Sikiá
Agouseli
Ágios Ioánnis
Arádena
Αράδαινα
Farángi Ásfendou
Perisináki
1085 m
1083 m
1228 m
1312 m
829 m
Kánevos
Katsogri
Agía Rouméli
Αγία Ρουμέλη
Farángi Arádena
846 m
Farángi Ímbros
836 m
Farángi Kallikrátiano
1043 m
Farángi Kotsifoú
Atsipá
Tripiti Beach
Ágios Pávlos
Anópolis
Nomikianá
Kouro
984
Domáta Beach
Órmos Agía Rouméli
Livanianá
Chóra Sfakíon
Χώρα Σφακίων
Komitádes
Patsianós
Kapsodásos
Áno Rodákino
Moní Fínika
Selliá
Mírthios
Akr. Kalotrivídis
Fínikas
Loutró
Skalotí
Káto Rodákino
Mariou
Fínix
Ágios Nektários
Frangokástello
Argoulés
Soúda
Asómat
Órmos Finikiá
Par. Koraka
Kastri
402 m
Plakiás
Πλακιάς
Lefk
Mármara Beach
Lykos Beach
Akr. Moúros
Órmos Loutró
Glyká Nera Beach
Elinga Beach
Vrisi Beach
Akr. A. Kiriakí
Fylaki Beach
Koutelos Beach
Frangokástello
Akr. Frangokástello
Katonisi
Frangokástello Beach
Órthi Ámmos Beach
Lakki Beach
Agia Marina Beach
Polyrizos Beach
Koraka Beach
Akr. Stavrós
Souda Beach
Órmos Plakiás
Plakias Beach
Akr. Kakomoúri
Damnóni Beach
Ammoudaki Beach
Ammoudi Beach
Skinária Beach
Órmos Damnóni
Damnóni
207 m
1
2
3
4
5
Livikó Pélagos

IM REICH DER WEISSEN BERGE

Die Weißen Berge, griechisch Léfka Óri, ragen als von tiefen Schluchten zerfurchtes Felsmassiv mit alpin anmutenden Gipfeln fast 2500 m hoch in den Himmel. Auf ihrer Nordseite liegt Chaniá, Kretas zweitgrößte Stadt. Die besten Badestrände bietet Georgioúpoli. An der Südküste sind nur wenige Orte zu finden.

1 Chaniá

Bis 1970 auch Inselhauptstadt, bezaubert Chaniá (54 600 Einw.) durch seine weitläufige, nahezu intakt erhaltene und denkmalgeschützte Altstadt mit langer Hafenfront. Die alten venezianischen Gemäuer wurden als Hotels, Tavernen und Galerien wiederbelebt, fast alle Gassen sind autofrei. Jenseits des mittelalterlichen Mauerrings erstrecken sich eine geschäftige Neustadt und ein Sandstrand.

Tipp

Treffpunkt im Park

Das 1936 gegründete Kaffeehaus im Stadtpark ist eine Oase der Ruhe. Es hat sich den bürgerlichen Glanz der Hauptstadtära Chaniás bewahrt. Die Kellner tragen schwarze Hosen und weiße Hemden und servieren griechischen Mokka, der im Kupferkännchen auf den Tisch kommt, mit gleicher Nonchalance wie französischen Champagner. Süßmäulchen genießen orientalische Kuchen oder in Sirup eingelegte Quitten, Tomaten und andere Früchte. Wer mag, spielt Távli, eine Art Scrabble mit griechischen Buchstaben, oder Monopoly mit Athener Straßennamen.

Kaffeehaus O Kípos, Tel. 28210 545 20, www.kiposcafe.gr, tgl. ab 7.00 Uhr

SEHENSWERT

Die Odós Chalidón teilt die **Altstadt** TOPZIEL in zwei Hälften. Das Gassengewirr der westlichen Hälfte birgt viele Hotels und Tavernen in historischen Gemäuern. Hier steht auch die **Synagoge Etz Hayyim** (16. Jh.; Paródos Kondiláki, Mo.–Do. 10.00–16.00, Fr. 10.00–15.00 Uhr). Die **Stadtmauer** (15./16. Jh.) ist zwischen Schiavo-Bastion und Meer weitgehend begehbar. Am Kastélli-Hügel in der östlichen Hälfte haben Archäologen **minoische Siedlungsreste** freigelegt (Odós Kaneváro). Weiter westlich werden mehrere große **venezianische Werfthallen** (Arsenale, 17. Jh.) als Lager und für gelegentliche Ausstellungen genutzt. Im Zentrum der Hafenpromenade wartet die **Janitscharen-Moschee** (um 1650) auf ihre Restaurierung. Vorbei an der Kathedrale geht es zur über 100 Jahre alten **Markthalle** am Altstadtrand (Platia S. Venizélou) und weiter in den schon im 19. Jh. angelegten **Stadtpark**.

MUSEEN

Das **Nautische Museum** TOPZIEL am westlichen Hafenrand zeigt u. a. Modelle von Schiffen aus vier Jahrtausenden und widmet sich dem „Kampf um Kreta" im Zweiten Weltkrieg (Aktí Koundourióti, Mo.–Sa. 9.00–16.00 Uhr). Das **Archäologische Museum** (AMCH) präsentiert u. a. minoische Funde und römische Mosaike in einem spektakulären Neubau (Skra 15; Mi. bis Mo. 8.30–15.30 Uhr; Café mit Meerblick). Im privaten **Folklore-Museum** werden anhand von lebensgroßen Puppen Szenen aus häuslichem Leben und Werkstätten des frühen 20. Jhs. nachgestellt. Spannend ist auch der Einblick in die aufwendigen Stickereien (Odós Chalidón 46 B, tgl. 9.00–18.00 Uhr). Am östlichen Hafenende zeigt die **Exhibition of Ancient & Traditional Naval Architecture** des kret. Schifffahrtsmuseums den Nachbau eines minoischen Schiffs (Odós Defkalóni, mar-muscrete.gr, Mai–Okt. Mo.–Sa. 9.20–16.00 Uhr).

AKTIVITÄTEN

An der Einmündung der Odós Chalidón auf die Hafenpromenade stehen Pferdedroschken für **Altstadtrundfahrten** bereit. Hier starten auch kurze **Bootstouren** für den Blick auf die Stadtsilhouette vom Meer aus.

So schlicht von außen, so spektakulär im Innern: das Schifffahrtsmuseum von Chaniá.

EINKAUFEN

Die Odós Skrídlof am südlichen Altstadtrand gilt als die Ledergasse Kretas. Kulinarische Souvenirs gibt es in der Markthalle, Kunstgewerbe bei der Local Artistic Handicraft's Association am Hafen (Odós Afentoúlief 14).

HOTELS UND RESTAURANTS

Stilvoll wohnt man in einem der Altstadthotels wie dem **€ € € Palazzo di Pietro** (Odós Agíon Déka 13, Tel. 2821 05 83 38, www.palazzodipietro.com). Ein 600 Jahre altes Haus beherbergt die **€ € € € Casa Leone** (Paródos Theotokopoúlou 18, Tel. 28210 767 62, www.casa-leone.com). Einen schönen Blick und stadtnahe Parkplätze bietet das **€ € El Greco** (Paródos Theotokopoúlou 47–49, Tel. 2821 09 40 30, www.elgrecohotel.eu). Eine Besonderheit sind Tavernen in dachlosen venezianischen Gemäuern – u. a. das **€ € Ela** (Odós Kondiláki 45). Ein türkischer Hamam wurde zum **€ € € Tamam** (Odós Zambéliou 49). Das **€ € € Well of the Turk** verwendet regionale Produkte sehr kreativ (Odós K. Sarpáki 1).

UMGEBUNG

Die Halbinsel Akrotíri nordöstlich der Stadt bietet sich für einen Tagesausflug mitsamt zwei-

Hinterhofidyll in Vámos (links oben), Glasbläser in Kókkino Chorió (links unten), das Frangokástello beim gleichnamigen Ort (rechts oben)

stündiger Wanderung an. Vorbei an der Gedenkstätte für den kret. Staatsmann Elefthérios Venizélos (1864–1936) und am Flughafen geht es zunächst zum 1612 gegründeten **Mönchskloster Agía Triáda** mit Renaissancefassade (Di.–Fr. 7.00–19.00, Sa./So. ab 6.30, Mo. 8.00 bis 19.00 Uhr). Abweisend und mönchisch-ernst gibt sich das 75 Jahre ältere **Mönchskloster Gouvernéto** (Mo., Di. u. Do. 9.00–12.00, 17.00 bis 19.00, Sa./So. 5.00–12.00, 17.00–20.00 Uhr). Eine weitere Tagestour führt ins südliche Hinterland. Bei **Agiá** lädt Kretas zweitgrößter natürlicher See zur Vogelbeobachtung ein. Durch ein üppig grünes Tal voller Zitrusplantagen geht es weiter ins stille **Foúrnes** mit einem sehr schönen Botanischen Park (www.botanical-park.com) und bergan über **Méskla** und die Kirche Sotirós Christoú (Wandmalereien 14. Jh.) nach **Thériso.** In dem Bergdorf, das heute nationale Wallfahrtsstätte ist, hatte Venizélos während des Kampfes um den Anschluss an Griechenland sein Hauptquartier. Durch die Therisianó-Schlucht führt die Straße nach Chaniá zurück oder weiter östlich nach **Apterá** mit Ausgrabungen einer griechisch-römischen Stadt (Mi.–Mo. 8.00–20.00 Uhr, ancientaptera.gr/de) und einer osmanischen Burgruine.

INFORMATION

Touristeninformation, im Rathaus, Tel. 2821 34 16 65; im Sommer auch Infokioske an der Markthalle und am Hafen

2 Vámos

Das Binnendorf (706 Einw.) ist Hauptort und Schulzentrum der fruchtbaren Halbinsel Apokóronos und deshalb noch voll traditionellen Lebens. Viele stilgerecht restaurierte Dorfhäuser werden an – überwiegend griechische – Urlauber vermietet.

AKTIVITÄTEN

Das örtliche Reisebüro Vamos Traditional Village vermittelt die Teilnahme an **landwirtschaftlichen Aktivitäten,** Kochkursen, den Besuch von Käsereien und Rakí-Destillerien (an der Dorfstraße, Tel. 28250 221 90, www.vamosvillage.gr/de). Dort können auch geführte Wanderungen zu diversen Zielen gebucht werden.

HOTELS UND RESTAURANTS

Die meisten **€ € € / € € Dorfhäuser** TOPZIEL verwaltet Vamos Traditional Village (an der Dorfstraße, Tel. 2825 02 21 90, www.vamosvillage.gr/de). **€ € Vámos Palace Apartments** bietet moderne, sehr geräumige Studios und Pool (am Dorfrand, www.vamosvillage.gr/de). Als eine der besten Tavernen Kretas gilt **€ € Stérna tou Bloumosífi** an der Durchgangsstraße; mit lokalen Spezialitäten u. Terrasse.

UMGEBUNG

Eine etwa 30 km lange Apokorónas-Rundfahrt führt von Vámos nach **Gavalochóri** mit gutem volkskundlichen Museum, in den Badeort **Kalíves** mit Mini-Flusshafen, über den Badeort **Almirída** nach **Kókkino Chorió** mit seiner Glasbläserei (www.blownglass.gr/home.html), in die Dörfer **Drápanos** und **Kefalás** mit venezianischer Bausubstanz und zurück nach Vámos.

3 Georgioúpoli

Der Ende des 19. Jhs. gegründete Ort liegt zwischen den Mündungen zweier kurzer Flüsse am Westrand eines kilometerlangen Sandstrandes und kommt ohne jeden Schickimicki aus. Die hohen Eukalyptusbäume sind ein Wahrzeichen des atmosphärischen Dorfes.

AKTIVITÄTEN

Am Hafen in der nördlichen Flussmündung werden **Tretboote** für kurze Flussfahrten vermietet. Offene Minizüge starten tgl. zu **Ausflugsfahrten** ins nahe Bergdorf Argyroupoli und zum ruhigen See von Kournás.

HOTEL UND RESTAURANT

Durch ein ganz besonderes Konzept voll ins Dorf integriert sind die Gäste der vier **€ € / € € € Corissia-Hotels**, Tel. 2825 08 37 07, www.corissia.com.
Unter Maulbeerbäumen sitzen die Gäste in der **€ € Taverne Mýthos** an der Platía. Eine besonders sympathische Familie betreibt das **€ € Nostós** zwischen Platía und Brücke.

UMGEBUNG

Kretas größter Binnensee, der glasklare **Límni Kournás,** ist etwa 1,5 km² groß und bis zu 64 m tief. Tavernen säumen sein Südufer, wo man Liegestühle, Tretboote und Kanus mieten kann.

4 Chóra Sfakíon

Die Sfakioten galten im vergangenen Jahrtausend als die unbändigsten aller Kreter, die sich immer wieder gegen die Fremdherrschaften erhoben. Die kleine Siedlung an der Küste wurde zum „Hauptdorf der Sfakiá" (knapp 350 Einw.). Die Häuser ordnen sich im Halbrund um altes und neues Hafenbecken. Von hier kann man die wilde Umgebung erkunden.

AKTIVITÄTEN

Die kleinen **Kiesstrände** Vrísi Beach und Elínga Beach westlich des Ortes sind zu Fuß zu erreichen. Mit dem Bootstaxi kommt man zum schöneren Gliká Nerá Beach.

HOTELS UND RESTAURANTS

Pensionen und Tavernen säumen die Promenade am alten Hafen. Etwas erhöht darüber steht das **€ Hotel Stavrís** mit angeschlossener Taverne (Tel. 28250 912 20, www.stavris.com).

UMGEBUNG

Die Anfahrt von der Nordküste her erfolgt über die lang gestreckte, 730 m hohe Askífou-Hochebene, das Kernsiedlungsgebiet der Sfakioten. Die Ruinen zweier türkischer Forts zeugen vom Versuch der Osmanen, die Sfakioten in Schach zu halten.
Über unzählige Serpentinen windet sich eine Straße von Chóra Sfakíon 10 km weit ins 600 m hoch gelegene Dorf **Anópolis** hinauf, in dem die Zeit stehen geblieben zu sein scheint. 2 km weiter liegt das wegen einer Blutrachefehde verlassene Dorf **Arádena.**
Das lieblich in Weiß-Blau herausgeputzte **Loutró** TOPZIEL ist einer der wenigen Küstenorte Kretas, die nur zu Fuß oder auf dem Seeweg zu erreichen sind. Linienschiffe und Bootstaxis verbinden Loutró mit Chóra Sfakíon. Gut wohnen kann man im hervorragend geführten Traditionshotel Porto Loutró (2 Häuser, Tel. 28250 914 33, www.hotelportoloutro.com).

DIE SFAKIOTEN GALTEN ALS DIE UNBÄNDIGSTEN ALLER KRETER, DIE SICH IMMER WIEDER GEGEN DIE FREMDHERRSCHAFTEN ERHOBEN.

JA NATÜR LICH

Tipp

Tollkühne Sprünge

Mut gehört dazu, von der alten Straßenbrücke von Arádena aus 138 m tief am Bungee-Seil in die Arádena-Schlucht zu springen. Manchmal kreisen dabei schon Gänsegeier über dem Abgrund. Das Veranstalterpaar Ángelos und Vicky aus Chaniá aber versichert, es sei noch niemand zu Schaden gekommen, und offeriert den Adrenalinkick an jedem Sommerwochenende.

Liquid Bungy, Tel. 69 37 61 51 91
www.bungy.gr/contact-en
Juli–Sept. Sa. u. So. 12.00–17.00 Uhr

5 Frangokástello

Wie eine Sinnestäuschung erhebt sich das „Frankenkastell" aus der steppenartigen Küstenebene vor der Kulisse der Weißen Berge. Drumherum ist eine kleine Sommersiedlung entstanden, ideal für legeren Strandurlaub ohne jedwedes Trara.

SEHENSWERT

Von der venezianischen **Burg** des 14. Jh. stehen nur noch die Außenmauern (April–Okt. Di bis So 8.00–15.00, sonst bis 14 Uhr; ab 2025 Restaurierungsarbeiten). Reste des Mosaikfußbodens einer frühchristlichen Basilika liegen vor der neuen **Kapelle Ágios Nikítas.**

AKTIVITÄTEN

Der breite **Sandstrand** TOPZIEL unterhalb der Burg ist wegen seines flach abfallenden Ufers sehr kinderfreundlich. An den 20 m hohen Sandaufwehungen des steiler abfallenden **Órthi Ámmos Beach** weiter östl. verlaufen Süßwasseradern dicht unter der Oberfläche, die aufzuspüren ein Kinderspiel ist.

HOTELS UND RESTAURANT

Beste Strandlage bieten **€ Maria Apartments** (Tel. 2825 09 21 59, https://marias-studio.gr/en/Rental-Rooms) nahe der Burg und die **€ € Parádisos Studios** am Órthi Ámmos Beach (Tel. 28250 920 78, paradisos.gr/de/startseite). Gute regionale Küche serviert die **€ € Taverne Kalí Kardiá** (Hauptstraße/Ecke Hafenzufahrt).

DURCH KRETAS BERÜHMTESTE SCHLUCHT

Die 18 km lange Samariá-Schlucht ist für Wanderer bestens erschlossen. Über 1250 m Höhenunterschied führt die Tour in fünf bis sechs Stunden vom Hochgebirge ans Libysche Meer. Die Felswände ragen bis zu 350 m auf, die engste Passage ist gerade einmal 3 m breit.

Das Zentralmassiv der Weißen Berge wird von der Schlucht in zwei Hälften geteilt. Sie beginnt westlich des 1884 m hohen Gíngilos und erreicht nach 2 km das untere Ende der Xilóskala. Über diesen schattigen und stufenreichen Waldweg steigen Besucher in etwa einer Stunde Gehzeit von der Ómalos-Hochebene aus in die Schlucht ein. Der Weg durch die Schlucht verläuft weitgehend über das Geröll eines Flussbetts. Auf halber Strecke bietet das wegen der Gründung des Nationalparks 1962 verlassene Dorf Samariá Erfrischungsmöglichkeiten (Trinkwasser), sanitäre Anlagen und eine Erste-Hilfe-Station. Die engste Stelle der Schlucht liegt nahe ihrem Ausgang; danach führt die Wanderung noch eine knappe Stunde durch die schattenlose Küstenebene nach

Samariá-Schlucht: Wo sich im 19. Jh. griechische Rebellen vor osmanischen Häschern versteckten, tummeln sich heute Touristen aus aller Herren Länder.

Agía Roúmeli mit Tavernen und Kiesstrand. Von dort bringen Linienschiffe die Wanderer nachmittags nach Chóra Sfakíon, wo Anschluss an Linienbusse an die Nordküste besteht, oder nach Paleochóra. Die Wanderung ist ein großartiges Naturerlebnis, das man allerdings fast immer mit Hunderten oder gar Tausenden anderen Urlaubern teilt.

Organisierte Tagesausflüge mit Schluchtwanderung werden von allen kretischen Urlaubsorten aus veranstaltet. Linienbusse zur Xilóskala verkehren ab Iráklio, Chaniá und Réthimno. Hotels in Ómalos: € **Néos Ómalos** (Tel. 2821 06 72 69, www.neos-omalos.gr) und € **To Exári** (Tel. 28 21 06 71 80, www.exari.gr), beide mit guten €€ **Tavernen**; To Exári mit kleiner Käseproduktion.
Die Schlucht ist meist 1. Mai–15. Okt. tgl. 6.00–16.00 Uhr geöffnet.

TAVERNA
OLD TOWN

Réthimno

*

INSEL DER INDIVIDUALISTEN

*

Réthimno hält Abstand zu Kretas höchsten Gebirgen. Zwischen den Léfka Óri im Westen und dem Psiloritis im Osten pflegt es über fruchtbare Hochtäler die Verbindung zur Südküste mit Badeorten wie Plakiás und Agía Galíni. Aber auch in dieser Provinz ist wie überall auf der Insel ein ausgeprägter Individualismus Trumpf.

Beim Abendessen in den Tavernen Réthimnos endet der inseltypische Individualismus – hier ist man gern gesellig.

Der alte Hafen Réthimnos erinnert lebhaft an venezianische Zeiten; in den Altstadtgassen lassen Holzerker osmanische Tage auferstehen (oben links und unten rechts). Und hier spielt auch allabendlich die Lyramusik in vielen Tavernen.

Am Strand von Réthimno ist Raum für alle Arten von Wassersport.

SEIT JEHER WETTEIFERN RÉTHIMNO UND CHANIÁ UM DEN TITEL DER SCHÖNSTEN – RÉTHIMNO ALS STADT DER KÜNSTLER UND GELEHRTEN ODER CHANIÁ MIT SEINER VERWINKELTEN ALTSTADT.

Die meisten Kreter lieben Strudelteigtaschen, gefüllt mit Spinat, Käse, Wiener Würstchen und mancherlei mehr. Geórgios Chatzparáskos in der Altstadtgasse Odós Vernárdou in Réthimno ist einer der letzten kretischen Bäcker, der den Fíllo-Teig dafür noch in Handarbeit herstellt. An sechs Tagen in der Woche nimmt der agile 90-Jährige wieder und wieder ein kleines, gefaltetes Teigpäckchen in die Hand, schwingt es so kunstvoll durch die Luft, dass es sich sanft entfaltet, und rollt den Teig dann auf einem mit Mehl bestäubten Tisch ganz fein aus. Sonntags wechselt er regelmäßig seinen Arbeitsplatz, geht in einen Nebenraum. Da spritzen 16 Düsen feine Teigfäden auf eine sich drehende, von einer Gasflamme erhitzte Platte – länger als alle bekannten Spaghetti. Geórgios rafft die kreisenden Teigfäden zusammen. Später wird er sie zusammen mit Nüssen und Mandeln in Sirup tränken und daraus die Leckerei Kataífi backen. Ein paar Schritte weiter, in der Odós Mesolóngiou, hat sich Constantínos M. Spanoudákis auf Brote in Form von Vögeln, Fischen, Hasen und sogar Dinosauriern spezialisiert – schön als Souvenir oder als Hochzeitsgeschenk. In vielen Häusern schmücken die Tiere noch immer das Schlafzimmer – und halten oftmals länger als manche Ehe ...

MANTINÁDES ZUR LYRA

In Kaffeehäusern, Rakádika und Tavernen darf ein Foto von Elefthérios Venizélos an den Wänden nicht fehlen. In jedem Ort mit Straßennamen ist eine Hauptachse nach ihm benannt, seine Büste oder Statue steht auf vielen öffentlichen Plätzen. Er war für Kreta und ganz Griechenland, was Atatürk für die Türkei war. Als treibende Kraft hinter der Vereinigung Kretas mit dem griechischen Mutterland im Jahr 1913 führte er als griechischer Premierminister Kriege zur Befreiung weiterer griechischer Regionen von der osmanischen Herrschaft, leitete grundlegende Bodenreformen ein und schuf erstmals ein soziales Netz für Bauern, Fischer und Arbeiter. Sein Foto hängt auch über der kleinen Bühne in einer der Musiktavernen in der Altstadt von Réthimno. Fast jeden Abend sitzen zwei oder drei junge Männer – oft ganz in Schwarz gekleidet – auf der Bühne, streichen die für Kreta so typische birnenförmige Lyra und zupfen dazu das Laoúto. Wenn sie sich mit Instrumentalstücken warm gespielt haben, singen sie zur Musik von Liebe und Leid, Heldenmut und Tod, Alltag und der Schönheit Kretas. Typische Liedformen sind Mantinádes und Rizítika, fünfzehn- bzw. fünfsilbige Reimpaare. Viele sind längst Allgemeingut geworden, andere entste-

Arkádi ist kretisches Nationalheiligtum: 1866 sprengten sich hier verschanzte Widerstandskämpfer angesichts ihrer aussichtslosen Lage in die Luft, um nicht in osmanische Hände zu fallen.

Margarítes hat mit über einem Dutzend Keramikwerkstätten seinen jahrhundertealten Ruf als Töpferzentrum der Insel bewahrt.

Auch der Name des Klosters Préveli – hier Káto Préveli – verbindet sich mit vielfachem Widerstand gegen die Türken, noch mehr aber gegen die deutschen Besatzer während des Zweiten Weltkriegs.

hen aus dem Stehgreif neu, sind auf Tagesereignisse oder anwesende Gäste gemünzt.

AVOCADO UND JOHANNISBROT

Sein Trinkwasser bezieht Réthimno, Kretas drittgrößte Stadt, teilweise aus den kräftig sprudelnden Quellen von Argiroúpoli, einem Dorf kurz vor der Einsamkeit der Weißen Berge. Einige seiner Bewohner haben es durch innovative Ideen am Leben erhalten – allen voran drei Brüder, deren Eltern mit ihnen einst nach Kanada ausgewandert waren. Sie kehrten mit erfolgreichen Geschäftsideen heim. Der eine nutzte den Wasserreichtum des Dorfes: Zu seiner Forellenzucht gehört ein Restaurant in einer eigenhändig restaurierten Wassermühle. Der zweite förderte den Anbau von Avocadobäumen in der Umgebung und entwickelte eine eigenständige Kosmetikserie, natürlich auf Avocadoöl basierend. Der dritte schließlich besann sich auf die einstige wirtschaftliche Bedeutung des Johannisbrotbaums auf der Insel. Seine kleine Manufaktur verwandelt die trockenen Schoten in süße Leckereien und einen magenfreundlichen Kakaoersatz.

Auch andere Dorfbewohner trugen dazu bei, dass der Ort für kretische Städter und Tagesausflügler von der Küste zunehmend an Reiz gewann. Der Inhaber der lange Zeit einzigen Pension errichtete ein kleines volkskundliches Museum gleich neben seiner ohnehin

EINST WAR DER JOHANNISBROTBAUM WIRTSCHAFTLICH WICHTIG FÜR KRETA.

Im abgelegenen Tal von Amári, wo keine Fernstraße hinführt, entfaltet sich eine ländliche Idylle, die nur selten von Fremden entdeckt wird.

Der Stausee Potamón Amarioú soll die Wasserversorgung des Amári-Tals und der Küstenorte sicherstellen.

Special

Geschichte

Kreta unter dem Halbmond

Bis heute legen Minarette, Moscheen, Brunnen und Hamams Zeugnis davon ab, dass Kreta über 200 Jahre lang Teil des Osmanischen Reichs war.

Als die Osmanen Iráklio 1669 nach über 20-jähriger Belagerung eroberten, war Kreta längst keine freie Insel mehr. 465 Jahre lang hatten hier ja bereits die katholischen Venezianer über die orthodoxen Griechen geherrscht. Jetzt aber war wie im übrigen Griechenland – mit Ausnahme von Korfu und den Ionischen Inseln – ein noch größerer Glaubensfeind an der Macht. Osmanische Soldaten wurden mit Landbesitz in den Dörfern entlohnt, Offiziere mit großen Ländereien in den Ebenen bedacht. Von ihren venezianischen Burgen aus kontrollierten die Truppen des Sultans die Städte und Küsten, doch in den entlegenen Bergregionen flammten immer wieder Rebellionen auf. Als sich dann die Festlandsgriechen 1821 gegen die fremden Herren erhoben und 1830 zumindest für Teile des Landes die Freiheit erlangten, kam es auch auf Kreta zu immer heftiger werdendem Widerstand. Aber erst ein griechisch-türkischer Krieg auf dem Festland brachte Kreta 1898 zumindest die Autonomie unter Aufsicht der europäischen Großmächte, bis ein weiterer türkisch-griechischer Krieg in Nordgriechenland den lang ersehnten Anschluss ans Mutterland ermöglichte.

Réthimnos älteste: Veli-Pascha-Moschee.

schon musealen Herberge, ein anderer Kleinhotelier bietet Gästen Transfers zu Schluchten- und Bergwanderungen an, eine Dorfbewohnerin unterhält eine Steinofenbäckerei. Am Eingang zum alten Dorfkern erhält jeder Besucher kostenlos einen Ortsplan und Erläuterungen zur Dorfgeschichte, findet so alte venezianische Gemäuer, römische Thermen sowie eine Felsnekropole und ein Mosaik aus der Römerzeit.

KAMPFESLUSTIGE NACHBARN

Weniger legale Wege ist ein anderes Dorf in der Provinz Réthimno gegangen, um sein Überleben zu sichern: Zonianá am Hang des Psiloritis. Wer dort im Hinterland spazieren gehen will, wird schon mal von netten Männern gestoppt und gebeten, nicht weiterzuwandern. Dieser Aufforderung sollte man besser nachkommen. Der Name des Dorfes ist 2009 durch die Weltpresse gegangen: als Hochburg illegalen Hanf- und Mohnanbaus. Sondereinheiten aus Athen wurden entsandt, um die örtliche Polizei zu unterstützen, leistete doch das ganze Dorf Widerstand gegen die Festnahme der Schuldigen. Es kam sogar zu Demonstrationen: Die Bevölkerung befürchtete, die Jugend könne durch die Anwesenheit so vieler Polizisten verdorben werden!

Ágios Pávlos gehört zu den attraktiven Stränden der Region um Ágia Galíni, wo sich felsige Küsten mit sandigen Buchten abwechseln.

Agía Galíni, die „heilige Ruhe", ist Vergangenheit.
Heute bestimmt lebhaftes Touristentreiben das Ortsbild.

Die – mitunter überaus windige – Sandbucht von Plakiás verspricht herrliches Badeleben.

Viele Angeklagte wurden zwar für schuldig befunden und verurteilt, dennoch haben die ganzen Aktionen eine Grundhaltung vieler Kreter – und auch anderer Griechen – offenbart: Sie lieben ihre Nation, aber nicht den Staat. Schließlich ist der ja erst seit etwas mehr als 110 Jahren der ihre. Und selbst das mit Unterbrechung durch die Deutschen. Bis 1913, dem Jahr der Vereinigung Kretas mit Griechenland, galt daher viele Jahrhunderte lang jeder Widerstand gegen die Staatsgewalt als Heldentat. Ein Umdenken fällt nach wie vor schwer und wird durch den zunehmenden Einfluss Brüsseler Bürokraten sicherlich auch nicht gerade erleichtert.

Kretischer Widerstandsgeist offenbart sich an vielen Orten. Zum Nationalheiligtum wurde das Kloster Arkádi, weil sich hier 1866 über 650 kretische Frauen und Kinder von ihren eigenen, bis zum Tod kämpfenden Aufständischen in die Luft sprengen ließen, um nicht den osmanischen Feinden in die Hände zu fallen. Zeichen echten Heldenmuts setzten, wie in manch anderen Konventen auch, die Mönche des Klosters Píso Préveli an der Südküste, die sich aktiv am Widerstand gegen die Deutschen beteiligten. Weniger heldenhafte Zeichen sind hingegen die vielen Einschusslöcher in kretischen Verkehrsschildern, die als Symbole der verschmähten Staatsgewalt gern zu wilden Schießübungen genutzt werden.

SKURRIL, DOCH LIEBENSWERT

Der kretische Hang zu Individualität und Freiheit ist immer wieder vor allem liebenswert spürbar. Da hängt die Betreiberin einer Schnellwäscherei, deren große Leidenschaft das Malen ist, bei kreativen Schüben ein handgeschriebenes Schild an die Tür „I have inspiration – come tomorrow". Da lässt ein ehemaliger Zollbeamter, der mit eigenen Händen ein großes Freilichtmuseum der Menschheitsgeschichte schuf, mit Tiefladern tonnenschwere Steine aus allen Inselteilen anfahren, wenn er in ihnen Tiergestalten erkennt. Und im Dörfchen Asómatos hoch über Plakiás an der Südküste hat der 2008 verstorbene Priester Michális Georgoulákis sein Elternhaus in ein Museum verwandelt. Seine Schäfchen hatte er gebeten, nichts zu entsorgen, ohne es ihm vorher gezeigt zu haben. So hat er sein „Oriseum" gefüllt, ist zudem über Flohmärkte gestreift, hat im Krieg gar gefallenen Partisanen die Stiefel ausgezogen, um sie der Nachwelt zeigen zu können. Jeder Raum ist einem bestimmten Thema gewidmet und enthält zahlreiche Exponate, die Alltag und Geschichte Kretas widerspiegeln.

Tourismus auf Kreta

MEHR SEGEN ALS FLUCH

Trotz aller Unkenrufe von Tourismuskritikern hat Kreta durch den Massentourismus kaum Schaden genommen. Er hat vielmehr die Grundlage für andere, alternative Urlaubsformen geschaffen, ökologisches Denken angeregt und teilweise sogar die Abwanderung aus den Bergdörfern an die Küste gestoppt.

Unverändert sind die Wassersportmöglichkeiten Kretas große Attraktionen.

Wenn die fast 100 Jahre alte Mutter von Leonídas Grammatákis bei Ierápetra in ihrem kleinen Hotel sitzt und von den alten Zeiten erzählt, wird das koloniale Afrika wieder lebendig. Bis in die 1960er-Jahre hinein war sie zuerst mit ihren Eltern, dann mit ihrem Mann durch den Süden des schwarzen Kontinents gezogen. Als immer mehr Kolonien selbstständig wurden, besann sich die Familie auf ihre Herkunft, reiste Anfang der 1970er-Jahre nach Kreta zurück und baute mit den letzten Ersparnissen die kleine Bungalowanlage. Das Projekt ging nicht in die Brüche – die Touristen erhielten es am Leben.

Wie der alten Dame erging es vielen Kretern, die nach Afrika, Amerika oder Australien ausgewandert waren – und ähnlich auch Zehntausenden, die in den 1960er-Jahren von Deutschland und seinen Nachbarländern als „Gastarbeiter“ angeworben worden waren. Für sie war der aufkeimende Massentourismus eine Chance, sich in heimischen Gefilden ein erträgliches Leben aufzubauen. „Der Tourismus hat uns Kretern unsere Heimat zurückgegeben“, konstatiert die alte Dame zu Recht.

WILD GEWACHSEN

Er hat sie freilich auch verändert. Hatte der Staat seine ersten, inzwischen wieder abgerissenen „Xenia-Hotels“ zur Ankurbelung des Fremdenverkehrs noch an die Altstadtränder von Iráklio und Chaniá gesetzt, errichteten nun große Investoren ihre Hotelanlagen landschaftsfressend an den Stränden. Gigantismus wie an spanischen und später an türkischen Küsten blieb allerdings aus. Hotelhochhäuser und monotone Aneinanderreihungen Hunderter baugleicher

Manche Strände – in Mália beispielsweise – gleichen denen anderer beliebter Urlaubsziele in Spanien oder in der Türkei.

In Chaniás alten Mauern finden sich gemütliche Heimstätten wie die „Casa Delfino" und das „Hotel Maria".

Bungalows widersprechen dem kretischen Lebensgefühl. Bauwut hingegen zeigte sich angesichts wenig vertrauenswürdig erscheinender Banken auch bei den kleinen Leuten. Wer Geld hatte, investierte es in Pensionen, Tavernen oder Souvenirgeschäfte.

Der Anblick der Küstenregionen wurde nicht unbedingt idyllischer – aber im Gegensatz zu anderen Feriengebieten der Welt waren hier nicht wenige Großinvestoren, sondern die Masse Einheimischer für die Landschaftsverschandelung verantwortlich. Abwässer wurden hausgemacht entsorgt – meist in Sickergruben. Und der Hausmüll wird oft einfach auf Deponien unter freiem Himmel verbrannt.

SCHÖN RESTAURIERT

Kreta mit seinem kulturellen Reichtum und seiner Ursprünglichkeit lockte von Anfang an nicht nur Badeurlauber an. Auch die verfallenden Altstädte von Chaniá und Réthimno wurden zu geschätzten Zielen. Endlich lohnte es sich, vom Abriss oder Einsturz bedrohte historische Häuser zu restaurieren und sie in einfache Pensionen oder komfortable Nostalgiehotels zu verwandeln. In Chaniá wurden sogar dachlose Hausruinen durch Einziehen eines beweglichen Zeltdachs zu stimmungsvollen Open-Air-Tavernen umgemodelt – in denen auch Lyraspieler mit ihrer traditionellen Leidenschaft etwas verdienen können. Ohne Tourismus wären Kretas Altstädte heute wahrscheinlich Ruinenfelder.

NEUES LEBEN FÜR DIE DÖRFER

Mancher Börsenspekulant mag für seinen Luxusurlaub in Eloúnda die Villa mit privatem Pool samt Helikoptertransfer buchen. Michael, Inhaber eines Bremer Copyshops, bereitet seine Kretareisen hingegen mit Google-Satellitenbildern vor. Für jeden Herbst plant er eine Schluchtenwanderung, die bisher in keinem Reiseführer steht. Und wird immer wieder fündig. Unterkünfte in den Bergen und an den entlegensten Küsten findet er inzwischen bis in die entferntesten Dörfer. Dafür gibt es zwei Gründe: Zum einen bescheren die dank Massentourismus vielfältigen Flugverbindungen auch Öko- und Alternativtouristen günstige Reisemöglichkeiten. Zum anderen spült gerade der Massentourismus den Kretern genug Geld in die Portemonnaies, um in der touristenfreien Jahreshälfte selbst auf ihrer Insel Urlaub zu machen.

Ein Winterwochenende in einem Bergdorf gehört für viele Inselbewohner aus Kretas Küstenorten mittlerweile zu den unverzichtbaren Statussymbolen. Das wiederum ermöglicht es manchem Dorfbewohner, samt seiner Familie ganzjährig in seinem Bergdorf zu bleiben. Auf diese Weise trägt der sommerliche Massentourismus auch dazu bei, der Landflucht Einhalt zu gebieten.

Mittlerweile sind viele Reisende bereit, zugunsten rustikaler Ursprünglichkeit auf gewohnte Bequemlichkeiten zu verzichten – und buchen sich etwa im „grünen" Feriendorf Miliá bei Vlátos in den Bergen des kretischen Westens ein.

Maßstab 1 : 265 000
0
5 km
Kritikó Pélagos
Livikó Pélagos
RÉTHIMNO
ΡΕΘΥΜΝΟ
Fortezza
Perivólia
Περιβόλια
Plataniás
Misiria
Atsipópoulo
Gerání
Geráni Beach
Spíleo Geráni
Akr. Korákas
Akr. Mavromoúri
New Road
Old Road
E 75
90
77
97
E4
Karotí
Prinés
Gállos
Kato Valsamónero
Frantzeskianá Metóchi
Goniá
Somatás
Arméni
Archontikí
Kaloníktis
Zourídi
Ágios Konstantínos
Káto Póros
Roústika
Lappa
Palélimnos
Saitoúres
Moúndros
Áno Malaki
Koúmi
Fotinós
Vilandrédo
Velonádo
Alónes
Kalí Sikiá
NOMÓS RÉTHIMNO
Ágios Vasílios
Ágios Ioánnis
Agouseliana
Bále
Kánevos
Farángi Kotsifoú
Katsogrída
Atsipádes
Koúroupa 984 m
Koxaré
Moní Fínika
Sellia
Soúda
Mírthios
Marioú
Asómatos
Farángi Kourtaliótiko
Kastrí 402 m
Plakiás
Πλακιάς
Lefkógia
Damnóni
Moní Káto Préveli
Moní Píso Préveli
Gianniou
Soúda Beach
Plakiás Beach
Órmos Plakiá
Akr. Kakomoúri
Damnóni Beach
Ammoudáki Beach
Amoudi Beach
Skinária Beach
Préveli Beach
Ammoúdi Beach
Agia Fotiní Beach
Ligres Beach
Akoúmia Beach
Triópetra Beach
Triópetra
Diplóno Pétris Beach
Akr. Mélissa
Ágios Pávlos Beach
Akr. Anífora
Ágios Pávlos
Prasonísi
Ágios Geórgios Beach
Ágios Geórgios
Agía Galíni
Αγία Γαλήνη
Agía Galíni Beach
Akr. Kakoskáló
Kókkinos Pírgos Beach
Kókkinos Pírgos
Órmos A. Galínis
Nisí Paximádia
Akr. Sakolévas
Akr. Akoníza
Órmos Aliká
200 m
500 m
1000 m
2000 m
Anógia
Agía Iríni
Miliá
Roussospíti
Moní Chalevís
Chromonastíri
Prassiés
Vrissínas 858 m
Arméni
Káto Valsamónero
Áno Valsamónero
Karé
Óros Sélli
Fálanna
Gouledianá
Ambeláki
Mírthios
Spíleo Ágios Antónios
Karínes
Lambiní
Dariviana
Spíli
Σπήλι
Mixórouma
Frati
Mourné
Aktoúnda
Óros Xiró 904 m
Drímiskos
Vátos
Kissós
Kissoú Kámbos
Kendrochóri
Ardaktos
Vrises
Keramés
Akoúmia
Agalianós
Agía Paraskeví
Sidérotas 1177 m
Moní Ágios Antónion
Agroulés
Kríα Vrísi
Néa Kría Vrísi
Méλambes
Μέλαμπες
Vouvála 947 m
Káto Saktoúria
Áno Saktoúria
Óros Kédros
Kédros 1777 m
Platanés
Orné
Ágios Dimitríos
Adelianós Kámbos
Pigianós Kámbos
Stavroménos
Sfakáki
Skaletá
Geropótamos Beach
Akr. Líanos Kávos
Lávris
Pánormo
Πάνορμο
Órmos Pánormou
Akr. Chondrós Kávos
Skepastí
Roumelí
Achladés
Spíleo Melidóni
Melidóni
Μελιδόνι
Agiá
Sirípidianá
Exándis
Moní Balíou
Balí
Astáli
Akr. Korakiás
Balí Beach
Livádi Beach
Akr. Pirovolopétra
Panagía Charakianí
Moní Vosákou
Óros Kouloúkonas
Koutsotroúlis 1083 m
Moní Arsaní
Chamalévri
Ádele
Pigí
Alónia
Giannoúdi
Maroulás
Farángi Prassanó
Loútra
Kiriánna
Mési
Agía Triáda
Amnátos
Panagía Merkurí
Kavoúsi
Moní Arkádi
Chárkia
Gargáni 647 m
Filákio
Voleónes
Farángi Ágios Antónios
Moní Véni
Pantánassa
Apostóli
Sivritos
Thrónos
Klissídi
Agía Fotiní
Patsós
Méronas
Ioánnis Theólogos
Amári
Αμάρι
Monastiráki
Moní Asomáton
Kalogérou
Vistagí
Génna
Sorós 1186 m
Mesonísia
Eléncs
Gerakári
Kardáki
Vrises
Ano Méros
Lambiótes
Samítos 1014 m
Petrochóri
Drigiés
Chordáki
Afratés
Prinos
Angelianá
Viranepiskopí
Érfi
Álfa
Perama
Πέραμα
Skouloúfia
Tzanakianá
Vergianá
Kalamás
Margarítes
Orthés
Eléftherna
Archea Eléftherna
Kalandaré
Kinigianá
Roúpes
Mávrou Korifí 944 m
Chouméri
Keramotá
Avdanítes
Kastrí
Mourtzaná
Apladianá
Chelianá
Garázo
Farátsi
Ágios Ioánnis
Ágios Mámas
Kopida 973 m
Kalóros 1125 m
Sitáras 1575 m
Koúles 1091 m
Migia 1576 m
Óros Ída
Platánia
Fourfourás
Φουρφουράς
Vizári
Tímios Stavrós 2456 m
Psilorítis
Vouloúmenou 2267 m
Kouroútes
Ágios Ioánnis
Nithávari
Chondráda 1168 m
Apodoúlou
Plátanos
Lochriá
Ardaktos
Agía Paraskeví
Vathiakó
Kórfi 654 m
Grigoría
Rízikas
Sáta
Klíma
Kalochorafítis
Lagolí
Tímbáki
Τυμπάκι
Vóri
Βώροι
Faneroméni
Pírgos
Kókkinos
Geropótamos
Agía Triáda
Festós
Moní Kaliviani
Moní Kardiótisis
Kamáres
Vorízia
Moní Vrondisíou
Moní Valsamónerou
Magarikári
Sanída 880 m
Skoúrvoula
Kissí
Galiá
Moní Áno
Spíleo Kamarón
Mávri 1980 m
Sóros 1720 m
Alikadaní 1920 m
Farángi Roúvas
Moní Ágios Nikólaos
Zaros
Mesiskli
Panagía
Míres
Μοίρες
Kapparianá
Ágios Antónios
Rouflás
Messará
Kalamáki
Καλαμάκι
Kalamáki Beach
Kamilári
Ágios Ioánnis
Petrokefáli
Órmos Messarás
Kommós
Kommós Beach
Sívas
Pitsídia
Πιτσίδια
Kousés
Pómbia
Πόμπια
Vivi
Vígla 659
Ellinistikí Táfi
Mátala Beach
Akr. Mátala
Mátala
Μάταλα
Lístaros
Kókkino Beach (Red Beach)
Múdia 231 m
Charkokefála 375 m
Pigaidákia
Moní Odigítrias
Liodária 462 m
Andiskári
Vathí
Lassaiá
Platiá Perámata
Tzígounas
Agiofárango
Moní Mártsalo
Kéfali 391 m
Kalí Liménes
Καλοί Λιμένες
Megalonísi
Órmos Kalí Liménes
Akr. Líthino
Akr. Trachíli
Órmos Mártsalo
Agiofárango Beach
Limanáki Beach
Gerókambos
Ditikó Beach
Anógia
Ανώγεια
Zonianá
Ζωνιανά
Spíleo Sfentóni
Axós
Αξός
Moní Diskoúri
Moní Chalépas
Veni
Kálivos
Livádia
Krána
Sísarcha
Chaméni 1281 m
Ágios Yákinthos
Zóminthos
Timbanátoras 1491 m
Idéon Ándron 1540 m
Kat. EOS Réthimno 1498 m
Tsunía 1432 m
Skinákas 1752 m
Mávros Komás 1614 m
Tsachianá
Chónos
Aímonas
Livada
Kamariótis
Drosiá
Aloídes
Áspri 701 m
Pírgos 304 m
Sises
Akr. Diapóri
Akr. Vitziliás
1
2
3
4
5

STÄDTISCH UND LÄNDLICH ZUGLEICH

Réthimno betrachtet sich nicht nur wegen der hier angesiedelten Philosophischen Fakultät der Universität von Kreta als Kulturhauptstadt der Insel. Das hügelige Hinterland ist so abwechslungsreich wie die Strände im Norden und Süden.

1 Réthimno

Die Altstadt erstreckt sich über eine Halbinsel, an deren Spitze die Venezianer bis 1580 eine weitläufige Festung anlegten. Die Gassen säumen häufig bürgerliche Häuser, viele davon noch mit hölzernen Erkern aus osmanischer Zeit. Gleichrangig ragen Minarette und Kirchtürme in den Himmel, ein 16 km langer Sandstrand beginnt am östlichen Altstadtrand.

SEHENSWERT

Am modernen Hauptplatz Platía Mártiron mit der im traditionellen Stil ausgemalten **Kirche Tésseron Mártiron** beginnt am ansatzweise erhaltenen Stadttor **Megáli Pórta** (16. Jh.) die Odós Ethnikís Antistáseos als Zentralachse der **Altstadt** TOPZIEL. Vorbei an der **Moschee Nerántzes Tzámi** (urspr. Kirche, 16. Jh.) führt sie zum 1623 gestifteten venezianischen **Rimondi-Brunnen.** Nach rechts führt von hier eine Straße an der um 1600 erbauten **Loggia** des venezianischen Adels vorbei zum kleinen, von stimmungsvollen Fischtavernen gesäumten **venezianischen Hafen** mit seinem türkischen Leuchtturm. Die Nordspitze der Altstadt-Halbinsel nimmt die weitläufige **Fortezza** ein (tgl. 8.00–18.30 Uhr), die zugleich schöner Park mit stellenweisem Meerblick ist. Einen hübschen Stadtpark gibt es zudem am Altstadtrand in der Neustadt (Eingang Platía Mártiron).

Zeugen der bewegten Geschichte Réthimnos: die osmanische Moschee der Fortezza (oben), Leuchtturm am venezianischen Hafen (rechts).

MUSEEN

Die **Archäologische Sammlung** in der ehemaligen Kirche San Francesco (Odós Ethn. Antistáseos) zeigt einige besonders schöne Objekte aus dem vorübergehend geschlossenen Archäologischen Museum der Stadt, u. a. kunstvoll und lebhaft bemalte minoische Sarkophage (Mi.–Mo. 10.00–18.00 Uhr). Die Dauerausstellung des **Contemporary Art Museum of Crete (CCA)** umfasst rund 750 Werke von griech. und internat. Künstlern, die verschiedene Kunstbewegungen von 1950 bis heute abdecken (Odós Mesologgiou 32, Tel. 281 05 25 30, www.rca.gr; wechselnde Öffnungszeiten). Einen Einblick ins Leben der einfachen Bevölkerung im 19. und frühen 20. Jh. gewährt das **Volkskundliche Museum** (Odós Vernárdou 28, Mo.–Sa. 10.00–14.30 Uhr).

AKTIVITÄTEN

Ausflugsdampfer im Stil von Piratenschiffen starten vom Venezianischen Hafen aus zu Tagestouren entlang der Küste. **Wassersport- und Tauchstationen** konzentrieren sich auf die Strände vor den Großhotels am langen Sandstrand östlich der Stadt. Das **Sommerkino Asteria** direkt unter der Festung zeigt internationale Filme unterm Sternenhimmel (Odós Melissínou 21, www.cineasteria.com).

VERANSTALTUNGEN

Am orthodoxen Faschingssonntag findet in Réthimno der größte **Karnevalsumzug** Kretas statt. Anfang Juli wird im Stadtpark eine Woche lang das **Cretan Diet Festival** mit Musik, Folklore und vielen kulinarischen kretischen Genüssen begangen.

HOTELS UND RESTAURANTS

Ein Reigen erstklassiger Strandhotels beginnt am östlichen Rand der Neustadt und zieht sich entlang bis nach Skaléta. Sehr komfortabel und dennoch stadtnah ist das Grecotel € € € € **Creta Palace** (Misíria, Tel. 2831 05 51 81, www.cretapalace.com). Aber auch in der Altstadt kann man luxuriös wohnen, z. B. in den € € € € **Avlí Lounge Apartments** (Odós Xantoudídi 22, Tel. 2831 02 62 13, www.avli.gr) in einem venezianischen Palast. Preiswert, gut und mit

---

Tipp

Rakí und mehr

Réthimnos Altstadtgasse Odós Vernárdou hat sich zum abendlichen Szenetreff entwickelt. Hier reihen sich die Rakádika aneinander, in denen lange Listen von Mesedákia die Speisekarten bilden – also Lokale, die überwiegend griechische und kretische Spezialitäten in kleinen Portionen servieren. Bevorzugtes Getränk ist der kretische Rakí, eingeschenkt aus kleinen Karaffen. Häufig erklingt dazu kretische Livemusik ohne jeden Touch von Touristenfolklore.

schönem Garten ausgestattet ist die **€ € Pension Castello** (Platía Karaóli Dimitríou 10, Tel. 2831 02 35 70, www.castello-rethymno.gr). Besonders viele Rakádika (Bars) reihen sich in der Odós Vernárdou (s. Tipp, S. 65) aneinander. Höhepunkt für Feinschmecker ist das **€ € € € Avlí** (Odós Xanthoudídi 22). Sehr romantisch auf Altstadtgassen und unter historischen Gewölben sitzt man auch direkt gegenüber im **€ € € Larentzo** (Odós Radamantios 9).

UMGEBUNG
Eine 70 km lange Tagestour führt zunächst zum im 10./11. Jh. gegründeten Kloster **Moní Arkádi**, dem kretischen Nationalheiligtum (Bauten 17. und 19. Jh.; www.arkadimonastery.gr, tgl. 9.00 Uhr bis Sonnenuntergang). Unterhalb des modernen Archäologischen Museums von **Archéa Eléftherna** (ab 1. April–Sommerende Di.–So. 10.00–18.00, sonst 8.00–15.00 Uhr) sind die Ausgrabungen der antiken Stadt leider nur teilweise zugänglich. **Margarítes** hat mit über einem Dutzend Keramikwerkstätten seinen Ruf als Töpferzentrum der Insel bewahrt. Auf dem minoischen Friedhof von **Arméni** (8 km südl., Mi.–Mo. 10.00–15.00 Uhr) sind einige der 230 Grabkammern begehbar.

INFORMATION
Städtische Touristeninformation, Prokiméa Elefthérios Venizélou (Strandpromenade östl. der Altstadt), 74100 Réthimno
Tel. 2831 02 91 48

2 Plakiás

Wie Zuschauer in einem antiken Theater reihen sich die Häuser mehrerer Bergdörfer über der Küstenebene des modernen Badeortes Plakiás (120 Einw.) – mit seinem langen Sandstrand, der im Osten in stattliche Dünen übergeht. Im Hinterland breiten sich Olivenhaine aus.

AKTIVITÄTEN
Das Reisebüro Anso Travel Services organisiert **geführte Wanderungen**, **Mountainbike- und Bootstouren** (am Hafen, Tel. 28320 314 44, ansotravel.com), das Kalypso Cretan Village u. a. **Tauchgänge und -kurse** (am Strand von Karavos, 5 km von Plakiás, Tel. 2831 03 12 96, www.kalypsohotels.com/de). **Bootsausflüge** zum Préveli Beach gehen tgl. vom Hafen aus.

HOTELS UND RESTAURANT
Gleich hinter den Dünen steht das **€ € / € € € Plakiás Bay** mit 28 Zimmern und Apartments (1 km östl. des Zentrums, Tel. 28320 312 15, www.plakiasbay.com). Das private **€ Youth Hostel** ist ein einzigartig legeres Quartier mit hohem Standard (am nordw. Dorfrand, Tel. 2832 03 21 18, https://hostelplakias.com). In der **€ € € GioMa Taverna** sitzt man unter schattigen Tamarisken (fast) am Meer (gioma.gr).

UMGEBUNG
Die Anreise nach Plakiás führt durch zwei kurze, aber eindrucksvolle Schluchten: vom Bergdorf **Spilí** (S. 30) kommend die **Kourtalikó Farángi** mit den kräftig sprudelnden Quellen des Megálo Pótamos und nordwestlich die bescheidenere **Farángi Kotsifoú.**
In den Bergdörfern **Selliá** und **Mírthios** oberhalb von Plakiás lassen sich Künstler und Kunsthandwerker in ihren Ladenateliers über die Schulter schauen; in **Asómatos** (östl.) wartet mit dem Oriseum ein Privatmuseum voller Skurrilitäten (S. 59; Mo.–Fr. 10.00–22.00, Sa./So. 10.00–17.00 Uhr).
Auf dem Weg zum Mönchskloster **Píso Préveli** mit seinem Mini-Kirchenmuseum (tgl. 9.00 bis 13.30, 15.30–18.30 Uhr) passiert die Straße eine einbogige osmanische Brücke (tolle Sommertaverne) und gleich darauf das verlassene Kloster **Káto Préveli.** Am Kloster erinnert ein Denkmal an die Rolle der Mönche im Zweiten Weltkrieg (super Blick!). Vom Parkplatz unterhalb der Straße nach Píso Préveli kann man in etwa 30 Min. hinabsteigen zum **Préveli Beach** am Ausgang eines Canyons, dem sog. Palmenstrand. Esoteriker vermeinen zwischen Plakiás und Agía Galíni besondere Erdkräfte zu verspüren. Darum haben sich hier **Yogazentren** angesiedelt, z. B.: Kreta Yogashala (Triópetra, 30 km nordw. von Agía Galíni, Tel. 0049 151 20 17 72 66, yogatravelandbeyond.com) oder beim Kalypso Cretan Vilage Resort & Spa (https://kalypso hotels.com/de) in Plakiás.

Während in den Restaurants am venezianischen Hafen von Réthimno buntes Leben herrscht, ist es in den Bergen der Umgebung sehr einsam (oben). Dädalus und Ikarus am Hafen von Ágia Galíni (unten).

3 Ágia Galíni

Der alte Ort (ca. 800 Einw.) zwängt sich in ein enges Tal direkt am Meer, ein Hotelviertel ist oberhalb davon entstanden. Hinunter zum Hafen führen drei Gassen durch den Ortskern, der einer einzigen Großtaverne mit eingestreuten Schmuckgeschäften gleicht. Wer an der richtigen Kreuzung sitzt, sieht abends fast jeden, der in Agía Galíni Urlaub macht.

SEHENSWERT
Den Hafen überragen fotogen moderne **Skulpturen** von Dädalus und Ikarus, die von Kreta zu ihrem sagenhaften „Pionierflug" abhoben.

AKTIVITÄTEN
Der **Ortsstrand** beginnt drei Gehminuten nördlich des Hafens, von dem aus tgl. Boote zu den Stränden der weiteren Umgebung wie **Ágios Pávlos** (westl.) und **Préveli Beach** ablegen.

HOTEL UND RESTAURANT
Gut wohnt es sich im farbenfroh gestalteten **€ / € € Erofíli** am Hang mit super Blick (Tel. 2832 09 13 19). Gute kretische Kost bietet die **€ € / € € € Taverne Kosmás** (obere Hauptgasse, www.tavernakosmas.gr).

UMGEBUNG
Der 26 Straßenkilometer von Agía Galíni entfernte Weiler **Ágios Pávlos** ist ein weltabgeschiedenes Strandparadies. Auf der Rückseite des Kaps Mélissa jedoch beginnt ein fast menschenleerer Grobsandstrand, der fast bis zum Yoga-Weiler **Triópetra** reicht.

4 Thrónos

Der winzige Weiler mit nur 30 Bewohnern thront leicht erhöht über dem lang gestreckten grünen Amári-Tal zu Füßen des Ída-Gebirges. Idealer Ausgangspunkt für Erkundungen in dieser touristisch noch fast unberührten Region.

SEHENSWERT
Die Kirche **Naos Panagía** wurde über einem frühchristlichen Mosaikfußboden erbaut und im 13./14. Jh. mit Fresken ausgeschmückt (Schlüssel in der Taverne Araváñes bei Wirt Lambros). Von ihr führt ein ausgeschilderter Pfad zu den spärlichen Überresten der antiken Stadt Syvritos (hin und zurück ca. 1 Std.).

HOTEL UND RESTAURANT
Taverne und Hotel **€ / € € Aravánes** unterhalb der Dorfkirche wirken wie ein etwas größeres, steinernes Gehöft (Tel. 28330 227 60, www.ara vaneshotel.com). Ländlich und sehr preiswert ist die Taverne **€ Kamilós** (Tel. 2833 02 28 59; kleine Karte).gegenüber der Einfahrt zum **Kloster Moní Asomáton** (demnächst mit Mini-Museum), wo Sosos leckeres Lamm, Gemüse und Salate zubereitet.

JA NATÜR LICH

UMGEBUNG
Die Straße von Réthimno nach Thrónos und ins Amári-Tal überquert die Staumauer des Stausees **Potamon Amarioú** (60 km²) mit schöner Mountain Bar und super Aussicht. Von der weiträumig ausgeschilderten Waldtaverne Drymos bei **Patsós** – u. a. Schnecken, Artischocken, Blumenzwiebeln, Gegrilltes – führt ein Weg (5 Min.) in die **Ágios-Antónios-Schlucht** mit der bizarren, bei Pilgern beliebten Höhlenkapelle des hl. Anton aus dem 16. Jh.
In **Amári** ist ein winziges volkskundliches Museum tagsüber geöffnet, in **Gerakári** lohnt das Geschäft von Déspina Bolioudáki wegen ihres selbst angesetzten Kirschlikörs einen Halt. Die Passstraße nach Spíli gewährt grandiose Ausblicke auf Ída-Gebirge und Weiße Berge.

5 Anógia

Das große Dorf (2250 Einw.) auf über 700 m Höhe lebt vor allem von Schaf- und Ziegenherden und seinen Käsereien. Im Unterdorf ist noch ein wenig historische Bausubstanz erhalten, das Oberdorf besteht ausschließlich aus Neubauten: Deutsche Truppen haben Anógia 1944 fast völlig dem Erdboden gleichgemacht.

SEHENSWERT
Im Oberdorf erinnern am Rathaus eine **Gedenktafel** in Form eines aufgeschlagenen Buchs und ein **Denkmal** an die Gräueltat. An der oberen Platía steht das Kirchlein **Ágios Geórgios** mit seinen neuen Fresken im traditionellen byzantinischen Stil von früh bis spät zur Besichtigung offen. Stimmungsvoller ist die Platía des Unterdorfes, an der eine Gedenkstätte für den berühmtesten Lyraspieler Kretas, **Níkos Xiloúris** (1937–1980), in dessen Geburtshaus eingerichtet wurde.
Alkiviádes Skoulás war sein Arbeitsleben lang Hirte, bevor er sich spät der Kunst zuwandte. Hauptthema seiner Gemälde und Holzschnitzereien war der kretische Widerstandskampf. Im Privatmuseum im Unterdorf sind viele seiner Werke ausgestellt. Meist führt ein Verwandter des verstorbenen Künstlers Besucher herum (im Kafenío Skoulás nachfragen).

HOTEL
Nahe der Platía des Oberdorfes bietet das **€ € Hotel Marina** zwölf Zimmer mit grandioser Aussicht (www.booking.com).

UMGEBUNG
Das Bergdorf **Zonianá** (7 km westl.) ist zwar als Kretas modernes Rebellendorf berüchtigt, aber nichtsdestotrotz wegen seiner recht unbekannten, touristisch aber gut erschlossenen Tropfsteinhöhle Spíleo Sventóni (sfentoni-cave.com/de, im Sommer tgl. 10.00–17.00, im Winter nur So. 10.30–14.30 Uhr) und des der kretischen Geschichte gewidmeten Wachsfigurenmuseums Potamiós (museumzoniana.gr/en, tgl. 10.00–19.00 Uhr) auch Ausflugsziel. Auf der menschenleeren, wilden und kargen **Nída-Hochebene** (südl.) weiden zahllose Schafe und Ziegen auf 1400 m Höhe.

BIKEN RUND UM RÉTHIMNO

Das Hinterland von Réthimno ist ideal für Mountainbiker und Tourenfahrer. Der Spezialanbieter Olympic Bike hat sich seit vielen Jahren darauf eingestellt und bietet vielsprachig geführte Touren jeden Schwierigkeitsgrades bis hin zur Überquerung der Weißen Berge.

Für jeden, der fit ist, und auch schon für Kinder ist eine Tagestour vom 500 m hoch am Rand der Weißen Berge gelegenen Weiler Miriokéfala bis zum Bergsee Límni Kournás bei Georgioúpoli ideal. Mit dem Bus geht es vom Hotel zum Ausgangspunkt – wo noch Zeit für einen griechischen Kaffee bleibt – und nach dem Mittagessen in einer Taverne am See wieder zurück. Auch wer unterwegs schlappmacht, kann auf den Bus zählen.

39 kurvenreiche Kilometer werden insgesamt im Sattel zurückgelegt, davon 32 bergab. Fast immer haben die Radler das Meer in der Ferne vor Augen. Als reine Radfahrzeit sind etwa drei Stunden veranschlagt. Teils geht es über Feldwege, meist aber über schmale, von Autos wenig befahrene Sträßchen. Unterwegs werden ein volkskundliches Museum, die antiken Stätten, die

Mountainbiker finden in der Umgebung von Réthimno auch fordernde Querfeldeinstrecken.

Avocadofarm und die Quellen von Argiroúpoli besichtigt. Am See bleibt ein Stündchen Zeit für ein Bad oder eine Kajakfahrt. Für Kinder stehen kleinere 20- und 24-Zoll-Räder zur Auswahl, für Erwachsene Mountain-, Gravel- und E-Bikes, außerdem Rennräder.

Olympic Bike, Nikéas 48, Tel. 2831 07 23 83, https://olympicbike.com/de/information/impressum.html. Im Programm des Traditionsunternehmens sind auch Fahrten zum Kloster Arkádi und zur Míli-Schlucht, eine Inselüberquerung mit Schwimmpause im Lybischen Meer und die Abfahrt vom Psiloritís.

Iráklio

*

ZENTRUM SEIT JAHRTAUSENDEN

*

Im Ballungsraum von Iráklio lebt ein Viertel aller Kreter – in einer Region also, in der mit Knossós schon das minoische Machtzentrum lag. Das Inselzentrum ist zwar weitgehend lieblich und fruchtbar, umfasst mit dem Asteroúsia-Gebirge an der Südküste aber zugleich eine Bergwelt, die an Mondlandschaften erinnert.

Stierfresken – wenn auch nur als Kopie – schmücken den Nordeingang von Knossós.

Man trifft sich: Seinen Nescafé frappé kann man sich in einem von Iráklios trendig gestylten Straßencafés …

… oder auch mit herrlichem Blick auf den Hafen (hier im Café-Restaurant Veneto1860) schmecken lassen.

Rund um Iráklios Morosini-Brunnen – seine Löwen erinnern an venezianische Zeiten – ballt sich das Leben des Stadtzentrums.

Der venezianische Hafen Iráklios, „bewacht" vom Kastell Koules auf der Mole, wird heute von Fischerbooten bestimmt.

DIE EINZIGE ART VON KONTINUITÄT, DIE KRETA JE GEKANNT HAT, WAR DIE KONTINUITÄT DES WANDELS.

Theo Sommer in „Mein Haus steht in einem Garten am Meer"

In der Inselhauptstadt Iráklio brodelt das kretische Leben. Die trendigen Straßencafés in der Odós Korai bevölkern Jung und Alt schon morgens bei Freddo Espresso und eisgekühltem Nescafé frappé. Bis weit nach Mitternacht drängen sich junge Leute an den Gyrosbuden zwischen Morosini-Brunnen und El-Greco-Park. Der tägliche Shoppingbummel ist unverzichtbarer Lebensinhalt vieler Städter, auch wenn längst nicht alle Portemonnaies gut gefüllt sind. Vielen reicht das Anprobieren statt des Kaufs.

Die Stadt hat sich zwischenzeitlich mächtig herausgeputzt. Stinkende Hauptverkehrsstraßen wurden in Fußgängerzonen verwandelt, vom alten Fischerhafen führt nun eine aufwendig gestaltete Uferpromenade bis zum ehemaligen Elektrizitätswerk, dem heutigen Naturhistorischen Museum Kretas (NHMC). Das alte Archäologische Museum, eines der bedeutendsten Europas, wurde völlig entkernt und erweitert, die alte Marktgasse Odós 1866 ist zur Souvenirmeile mutiert – Markthändler werden kaum noch gebraucht. Das Volk mehrt den Wohlstand europäischer Supermarktketten, um mit den nach der Finanzkrise des Staates massiv beschnittenen Renten und Gehältern über die Runden zu kommen. Auch die gut gefüllten Cafés sind Zeichen der Geldknappheit. Der Gast bleibt durchschnittlich 93 Minuten bei einem Getränk sitzen, das reduziert den Minutenpreis selbst bei hohen Kaffeepreisen erheblich. Und füllt so seine Zeit aus, die ihm die Arbeitslosigkeit beschert. Von ihr sind vor allem junge Akademiker betroffen. Davon nämlich gibt es viel zu viele auf Kreta. Die Generationen der Eltern und Großeltern, die durch Fleiß und „Gastarbeit im Ausland" zu Rücklagen gekommen sind, haben ihr kleines Vermögen außer in Häuser vor allem in die Bildung ihrer Nachkommen investiert. Nirgendwo sonst in Europa waren die privaten Bildungsausgaben so hoch wie in Hellas. Sichtbares Zeichen dafür sind auch in Iráklio die vielen „Frondistíria", private Nachhilfestudios und Abendschulen. Ohne diese, an der sich arbeitslose Lehrer wie Pädagogen aus schlecht bezahltem Staatsdienst ein Zubrot verdienen, kann kaum ein junger Kreter Hochschulreife erlangen.

DISNEYLAND DER ARCHÄOLOGIE

Die Archäologie ist in Griechenland ein sehr beliebtes Studienfach, das auch auf Kreta belegt werden kann. Ihr wohl erfolgreichster, aber auch umstrittenster Vertreter auf der Insel war allerdings ein Engländer: Sir Arthur Evans. Zwischen 1900 und 1903 legte er – zum größten

Der Journalist Theo Sommer schrieb über Kreta: „Vergangenheit überall, man stolpert förmlich über sie." Die Ausgrabungsstätte in Górtis (oben links und unten rechts) mit der frühchristlichen Titus-Basilika gehört ebenso dazu wie Knossós (unten links) mit seinen Rekonstruktionen und Tílissos (oben rechts), wo die Reste dreier minoischer Landhäuser zu sehen sind.

Teil auf eigene Kosten – das 22 000 Quadratmeter große Areal der Palaststadt von Knossós am Stadtrand von Iráklio mit mehr als 1300 Zimmern frei. 38 weitere Jahre widmete er Veröffentlichungen, eingehenderen Untersuchungen – und vor allem der anschaulichen Teilrekonstruktion der aufgespürten Bauten.

Er ließ sich dabei architektonisch von der Ruinenromantik des 19. Jahrhunderts leiten und orientierte sich bei seinen Interpretationen des Gefundenen stark am Vorbild der britischen Monarchie. So ging er fest davon aus, dass es auf Kreta einen mächtigen König und natürlich eine dazugehörige „Queen" gab, identifizierte Räume in Knossós als Thronsaal oder Badezimmer der Königin. Er ließ Fresken auf Wänden rekonstruieren, ursprüngliche Holzsäulen aus Beton aufrichten und rot bemalen, Gesimse pittoresk als Ruine neu anfertigen. Auf jeden Fall setzte er heftige Diskussionen in Gang, in denen Knossós auch schon einmal als „Disneyland der Archäologie" bezeichnet wurde, erntet aber bis heute den Dank vieler Besucher, die endlich einmal mehr sehen als nur Grundmauern und Bodenfunde.

EUROPAS NAME

Weitaus fantasievoller als die Rekonstruktionen Evans' erweisen sich die griechischen Mythen, die erst lange nach dem Untergang der minoischen Kultur entstanden, sie aber als Teil der griechischen Frühgeschichte interpretieren. In ihnen wird Göttervater Zeus zum Urvater aller Minoer, die die griechische Götterwelt in Wahrheit überhaupt nicht kannten. Zeus hatte im asiatischen Phönizien die bildhübsche Königstochter Europa erspäht, verwandelte sich kurzerhand in einen weißen Stier und entführte die Schönheit übers Meer an den Strand von Mátala. Dort zeugte er mit ihr unter einem Olivenbaum in Górtis einen Sohn: den Minos. Er wurde zum ersten König der Insel und Gründer einer Dynastie, die fortan die Geschicke des minoischen Reichs leitete.

Kretischer Wein – hier das Weingut Scalarea Estate bei Skaláni – kommt gleichermaßen für Einheimische wie für Gäste auf den Tisch, die sich gern von Folklore unterhalten lassen.

Britisches Nachtleben unterscheidet sich in Mália kaum von dem auf anderen Mittelmeerinseln.

Das Lychnostátis-Museum in Liménas Chersónisou ist der agrarisch geprägten Vergangenheit Kretas gewidmet.

Als Anerkennung seines Herrschaftsanspruchs sandte ihm der Meeresgott Poseidon einen prächtigen Stier. Doch statt ihn dankbar dem Meeresgott zu opfern, behielt ihn der stolze Minos für sich. Poseidon rächte sich, indem er Pasiphae, Gemahlin des Minos, in unstillbarem Verlangen nach dem Stier entbrennen ließ. Die Liaison hatte Folgen – Pasiphae gebar ein schreckliches Ungeheuer, halb Stier, halb Mensch: den menschenfressenden Minotaurus. Um ihn zu bändigen, wurde er in ein Labyrinth gesperrt – das von Dädalus und Ikarus gebaut worden war –, als das manche Fantasten auch die Palaststadt von Knossós interpretierten.

GLOBALISIERUNG AUF DEM DORF

Der Strand von Mátala, auf dem Europa erstmals „ihren" Kontinent betrat, ist heute ein viel besuchter Bade- und Ausflugsort an der Südküste. Und das nicht nur wegen der Güte des Sandstrands, sondern vor allem auch wegen seines Rufs als einstige Hippie-Metropole Europas und Refugium vieler amerikanischer Wehrdienstverweiger zu Zeiten des Vietnamkriegs. Am Ortseingang erinnert ein Hippiedenkmal an die bewegte Zeit der Blumenkinder, und an der Kaimauer ist in großen Lettern das Hippiemotto verewigt: „Today is life. Tommorow never comes." – „Heute ist das Leben. Das Morgen kommt nie."

Mátalas Ruf zehrt von der Schönheit des Sandstrandes und
der Felsbucht, in der Fischerboote dümpeln.

Am Fuße von Höhlen, die den Menschen der Jungsteinzeit als Behausungen und den Römern
als Grabstätten dienten, liegt die flache Hafenbucht des urigen Fischerdorfs Mátala.

Im Gegensatz zur ruhigeren Südküste bieten die Ferienorte an der Nordküste Unterhaltung, wie sie manches Urlauberherz begehrt.

Special

Níkos Kazantzákis

Kretas berühmtester Sohn

Als 1964 sein Roman „Leben und Lebensart des Alexis Sorbas" mit Anthony Quinn in der Hauptrolle verfilmt wurde, machte das Kretas bedeutendsten Dichter, Nikos Kazantzákis, weltberühmt.

Den makedonischen Wanderarbeiter, der ihm als Vorlage für seinen lebensfreudigen Zorbás diente, zählte Kazantzákis neben Buddha, Franz von Assisi, Friedrich Nietzsche und Lenin zu den Persönlichkeiten, die sein Leben am stärksten beeinflussten. Er selbst, 1883 im damals noch türkischen Iráklio geboren und 1957 krebskrank an einer zu spät behandelten asiatischen Grippe in Freiburg im Breisgau gestorben, war Zeit seines Lebens ein eng mit der kretischen Geschichte verbundener, hochpolitischer Suchender. Er war tief religiös, ohne allerdings mit der Kirche konform zu gehen – Religion und Heuchelei waren ein immer wiederkehrendes Thema seiner Werke –, weshalb diese ihm auch ein Grab in geweihter Erde versagte. So wurde er unter großer Anteilnahme aller Bevölkerungsschichten auf der Stadtmauer von Iráklio beigesetzt, das er in seinem Roman „Freiheit oder Tod" so bewegend schilderte. Am Fundament des schlichten Holzkreuzes, das seine letzte Ruhestätte markiert, ist sein Lebensmotto eingeritzt: „Ich hoffe nichts. Ich fürchte nichts. Ich bin frei."

Im Kazantzákis-Museum in Mirtiá.

Wie auch immer: Das Dorf hat sich seine alternative, weltoffene Atmosphäre bis heute bewahrt. Einige damalige Besucher sind geblieben oder später zurückgekehrt – heute leben in Mátala deutsche, französische, niederländische und andere europäische Aussteiger oder Kreative, oft mit kleinem Business. Die Globalisierung macht auch vor Kreta nicht halt. In kleinerem Rahmen ist sie längst vollzogen: Bereits zehn Prozent aller Einwohner Griechenlands sind Immigranten. Die meisten stammen aus Albanien, längst leben sie mit ihren Familien hier. Ohne sie hätten Land- und Bauwirtschaft auch auf Kreta unter Arbeitskräftemangel zu leiden. Und so hört man in manchen Dorfkaffeehäusern im Winter mehr Albanisch als Griechisch. Und auch aus dem Straßenhandel sind Ausländer kaum noch wegzudenken.

COSTA TOURISTICA

Anders als Asylsuchende und illegale Immigranten sind ausländische Touristen natürlich hochwillkommen – über fünf Millionen im Jahr. Sie verteilen sich überaus ungleichmäßig auf die Insel. Ins Asteroúsia-Gebirge an der Südküste fährt nur selten ein Fremder. In einer weitgehend baumlosen Mondlandschaft liegen nur ganz vereinzelt kleine Weiler auf winzigen Hochebenen und an steilen

Kretas Süden mit dem Asteroúsia-Gebirge ist noch eine eigene Welt.

Die Reste des minoischen Heiligtums Ágia Triáda
liegen nicht weit von Festós entfernt.

Vorbei an Miamoú geht es durch die Berge des Südens nach Léndas.

Im Asteroúsia-Gebirge ist die Welt der Ziegen noch in Ordnung.

Hängen. Wenige Straßen sind asphaltiert, atemberaubende Serpentinenpisten führen über steil abfallende Grate zur Küste hinunter.

Weitgehend flach und straßenmäßig bestens erschlossen zeigt sich hingegen Kretas „Costa Touristica", die Nordküste zwischen Iráklio und Sísi. Bettenhochburgen bestimmen Mália und Liménas Chersónisou. Zu Luxus- und First-Class-Hotels haben sich Hunderte preiswerter Apartmentanlagen gesellt. Vor allem irische und britische Veranstalter entsenden Heerscharen junger Urlauber, deren Hauptinteresse dem Nightlife gilt. Schaumpartys und Striptease-Wettbewerbe auf dem Bartresen sind keine Einzelfälle. Viele Einheimische beklagen den Sittenverfall, aber leben davon.

GLAUBE ODER ABERGLAUBE?

Doch auch die wildesten Bars und Diskotheken wurden vor ihrer Eröffnung vom örtlichen Priester gesegnet. Mehr oder minder sichtbar hängt in nahezu jeder Lokalität auch mindestens eine Ikone, wie in Supermärkten und Tavernen oft in der Nähe der Kasse. Auf Kreta gelten Heilige nicht nur als Legenden – viele Menschen holen sie sich durch ihre Ikonen direkt ins Haus, als Schutz und Segen im Alltag, und so findet man sie auch in Linienbussen und Schulen, Reisebüros und Autovermietungen. Die Ikonen sind weniger als Abbildung denn als direkter „Spiegel" der Heiligen wesentlicher Baustein im Glaubensgerüst der griechischen Orthodoxie. Und wundertätig – wie die Marienikone im Kloster Kardiótissa beim Bergdorf Kerá.

Moslems hatten sie wegen ihrer Wunderwirksamkeit schon zweimal nach Istanbul entführt, doch jedes Mal war die Ikone der Panagia Kardiotissa eigenständig nach Kerá zurückgekehrt. Nach dem dritten Diebstahl kettete man sie in Istanbul an eine Säule. Vergebens. Die Ikone nahm ein Stück der grobgliedrigen Eisenkette samt Säule einfach mit zurück in ihr Kloster, wo Säule, Kette und Ikone bis heute zu betrachten sind.

Minoische Epoche

RÄTSELHAFTES VOLK

Vor 3600 Jahren war Kreta eine Insel voller blühender Städte. Wir nennen die Menschen jener Zeit Minoer, bewundern ihre Architektur und Kunst, aber können nur mutmaßen, wie sie lebten. Schon manche Theorie der Archäologen hat sich als falsch erwiesen.

Dass es die Minoer überhaupt gab, ist der modernen Welt erst seit Anfang des letzten Jahrhunderts bekannt. Selbst Heinrich Schliemann, der mit der „Ilias" des Homer in der Hand das kleinasiatische Troja und Mykene auf dem Peloponnes ausgrub, hatte noch keine Ahnung. Er vergab kleinlich die Chance, seinen Ruf durch die Freilegung von Knossós noch zu steigern.

So wurde dem Briten Sir Arthur Evans der Ruhm zuteil, die erste Hochkultur auf europäischem Boden entdeckt zu haben. Siegel mit unbekannten Schriftzeichen hatten sein Interesse geweckt. Am 23. März 1900 setzte er erstmals den Spaten an, bereits nach knapp drei Jahren lagen die Ruinen von Knossós in voller Ausdehnung frei und ein bis dahin unbekanntes Kapitel der Menschheitsgeschichte kam ans Licht. Über sie gab es keine schriftlichen Quellen, fantasievollen Interpretationen der Funde standen Tür und Tor offen. Evans gab dieser Kultur den Namen „minoisch" und deutete sie im britischen Geist seiner Zeit.

Der mit Greifenmotiven verzierte Thronsaal von Knossós mit einem Alabasterthron. Den Nordeingang (Foto linke Seite) flankieren Säulengänge mit Stierfresken.

INTERPRETATIONEN – EINST UND HEUTE

Evans stellte einen männlichen Monarchen – Minos genannt – an die Spitze des Staates, wies Räumen Funktionen zu, wie er sie aus dem Buckingham Palace kannte: Thronsaal und Ankleidezimmer, Bad und Toilette mit Wasserspülung gab es demnach schon vor 3600 Jahren. Bei der Rekonstruktion der Freskenreste ließ er sich vom Jugendstil inspirieren. Aus dem Fehlen von Stadtmauern schloss er – in seiner von Kriegen gezeichneten Zeit – sehnsuchtsvoll auf ein halbes Jahrtausend friedlicher Welt.

Heute sind sich die meisten Archäologen einig, dass es im minoischen Kreta nie Alleinherrscher gab – man hat keine einzige Darstellung gefunden, die sich als Herrscherporträt interpretieren ließe. Stattdessen gehen Experten von einer herrschenden Priester-Aristokratie aus Männern und Frauen aus, die eine ganz von der Religion geprägte Gemeinschaft lenkte. Lange nach Evans' Tod häuften sich auch die Anzeichen dafür, dass die minoische Gesellschaft nicht gewaltfrei war. 1979 entdeckte der kretische Archäologe Giánnis Sakellarákis im kleinen Heiligtum Anemospília bei Archánes gar deutliche Beweise für ein Menschenopfer. Offenbar hatte man hier bei den ersten Anzeichen eines bevorstehenden Erdbebens zur Besänftigung einer Gottheit einen Jüngling auf einem Altar getötet. Das gewünschte Ergebnis blieb allerdings aus: Vor dem Altar fand Sakellarákis das Skelett eines Mannes mit einem Bronzemesser in der Hand, der wohl von einstürzendem Mauerwerk erschlagen worden war.

Palasträume zieren Fresken von Frauen, die Evans als Hofdamen deutete.

Fakten & Informationen

Die wichtigsten minoischen Stätten auf Kreta

Paläste: Knossós, Mália, Festós, Agía Triáda, Káto Zákros
Städte: Gourniá, Palékastro
Landsitze: Vathípetro, Chamézi, Tilissós
Nekropolen: Arméni, Foúrni bei Archánes

Maßstab 1 : 315 000
0
5 km
Kritikó Pélagos
Livikó Pélagos
IRÁKLIO
ΗΡΑΚΛΕΙΟ
Néa Alikarnassós
Nisí Día
Kólpos Maliou
NOMOS IRAKLIO
Knossós
Mália
Mália Μαλια
Limenas Chersonisou
Gournes
Archánes
Epáno Archánes
Kastélli
Arkalochóri
Thrapsanó
Tzermiádo
Lassíthi
Selena Óros
Díktí Óri
Ano Viánnos
Pírgos
Mires
Mesará
Timbáki
Agía Galíni
Mátala
Pitsídia
Zarós
Górtis
Ágii Déka
Anógia
Zonianá
Psiloritis
Óros Kouloúkonas
Pérama
Asterousia Óri
Lendas
Kalí Liménes
Ormos Messarás

SEIT JEHER FRUCHTBAR UND DICHT BESIEDELT

Die Region um die Inselhauptstadt bis hinunter zur weiten Messará-Ebene ist seit jeher das Siedlungszentrum der Insel. Hügelland prägt die Landschaft zwischen Nord- und Südküste, an der das Asteroúsia-Gebirge einen Riegel zum Libyschen Meer hin bildet. Die Nordküste zwischen Iráklio und Mália ist Kretas „Costa Touristica" mit dem größten Bettenangebot der Insel. Ruhiger sind die Badeorte Mátala und Léndas im Süden.

1 Iráklio

Kretas Hafen- und Wirtschaftsmetropole (162 000 Einw.) hat schon in den 1920er-Jahren die engen Grenzen der Altstadtmauern gesprengt. Deutsche Bombardements 1941 und planlose Bauwut in den 1970er-Jahren ließen von der historischen Bausubstanz wenig übrig. Iráklio ist nicht schön, aber interessant.

SEHENSWERT

Zentraler Treffpunkt in der Altstadt ist der venezianische **Morosini-Brunnen** von 1628. Die Fußgängerstraße Odós 25is Ávgoustou führt von hier an der schönen venezianischen **Loggia** (1628) vorbei zur Kirche **Ágios Títos** mit der Schädelreliquie des ersten Bischofs der Insel (tgl. 7.00–17.00 Uhr). Sie endet am Fischereihafen mit der **Festung Koúles** (1523–1540; koules.efah.gr/koules; Öffnungszeiten s. Website, Di. geschl.). Über die große Platía Eleftherías geht es wieder stadteinwärts zur Marktgasse Odós 1866 mit venezianischem **Bembo-Brunnen** (1588), zu der aus dem 19. Jh. stammenden, traditionell ausgemalten Bischofskirche **Ágios Minás** und zum Grab des Dichters Níkos Kazantzákis (S. 77) auf der Martinengo-Bastion der 3,5 km langen **Stadtmauer.**

Tipp

Bougátsa essen

Die aus Nordgriechenland stammende Bougátsa ist eine süße Leckerei, die Kreter gern zu jeder Tages- und Nachtzeit genießen. Zwei Lokale am Morosini-Brunnen haben sich seit Jahrzehnten darauf spezialisiert. Die warm servierten Strudelteigtaschen der klassischen Art sind mit einem Grieß-Vanille-Pudding gefüllt und mit Zimt bestreut und werden als Bougátsa kréma bestellt.

€ Konditorei Kírkor und € Konditorei Fillosofíes, Platía Venizélou, Iráklio; tgl. ab 6.00 Uhr

MUSEEN

Das **Archäologische Museum** TOPZIEL birgt die weltweit größte Sammlung minoischer Kunst (heraklionmuseum.gr/en; April–Okt. tgl. 8.30–20.00, Nov.–März Mi.–Mo. 8.30 bis 15.30 Uhr, Eintritt 12 €).
Das **Historische Museum** widmet sich u. a. der mittelalterlichen Stadtgeschichte und besitzt auch zwei Werke von El Greco (Odós Sofoklí Venizélou 27, www.historical-museum.gr; tgl. 9.00–17.00, Winter Mo.–Fr. bis 15.30, Sa. 10.00–16.00 Uhr, Eintritt 8 €).
Das **Museum der christlichen Kunst** ist in einer alten, der Heiligen Katharina vom Sinai gewidmeten Kirche untergebracht. Es birgt u. a. sechs einzigartige Ikonen des berühmten kretischen Malers Michaíl Damáskinos (Platía Ekaterínis, iakm.gr, Mo.–Sa. 9.30–18.00, So. 10.30 bis 19.30 Uhr, Eintritt 8 €).

HOTELS UND RESTAURANTS

Das **€ € € € Mégaron** bietet einen Pool auf dem Dach (Odós Beaufort 9, Tel. 2810 30 53 00, www.gdmmegaron.gr). Zur Mittelklasse zählt das **€ € € Kástro** (Odós Theotokópoulou 22, Tel. 2810 28 41 85, www.kastro-hotel.gr). Preisgünstig ist das **€ / € € Lena** (Odós Lachaná 10, Tel. 2810 22 32 80, www.lena-hotel.gr). Markttaverne mit Riesenauswahl und offener Küche ist das **€ € Pántheon** (Odós Theodosáki 2/Ecke Odós 1866, Tel. 2810 24 16 52).

Imposant: die Festung Koúles beherrscht den venezianischen Hafen von Iráklio.

UMGEBUNG

5 km südlich des Stadtzentrums (Stadtbus Nr. 02) breiten sich die meist restaurierten Überreste von **Knossós** TOPZIEL aus, der größten minoischen Palaststadt Kretas (April bis Aug. tgl. 8.00–20.00, Sept. 8.00–18.00, Okt. 8.00–17.00, Nov.–März 8.30–17.00 Uhr). Am Ortsrand von **Tílissos** (14 km südwestl.) wurden drei minoische Landhäuser ausgegraben (www.tylisos.gr; Mi.–Mo. 8.30–15.30 Uhr). Das CretAquarium in **Goúrnes** (14 km östl.) ist das modernste und größte Aquarium Griechenlands (cretaquarium.gr, April–Okt. tgl. 9.30 bis 19.00, sonst tgl. 9.30–16.00 Uhr, Eintritt 12 €).

INFORMATION

Info Point: Plateía Nikifórou Foká, Gebäude Aktaríka, Tel. 2813 40 97 77, visitheraklion.eu

»IHRER KÖNIGE STADT IST KNOSSÓS, WO MINOS GEHERRSCHT HAT«

Homer, Odyssee, 19. Gesang

❷ Epáno Archánes

Das große Weinbauerndorf (3900 Einw.) ist trotz der Nähe zu Iráklio ländlich-ursprünglich geblieben. Auf dem Dorfplatz speisen an Wochenenden auch die Großstädter gern.

SEHENSWERT
An der Hauptstraße vermittelt ein kleines **Archäologisches Museum** Einblicke in die minoische Besiedlung (Mi.–Mo. 8.00–15.00 Uhr). Östlich wurden zwischen moderner Bebauung Reste eines **minoischen Palastes** freigelegt. Am nordwestlichen Ortsrand liegt die minoisch-mykenische **Nekropole Foúrni** (Kuppelgräber 2. Jt. v. Chr.) mit schöner Aussicht.

HOTEL UND RESTAURANT
In der **€ € € Taverne Krítamon** werden traditionelle Gerichte verfeinert (Platía/Odós Makrí Sokáki, Tel. 2810 75 30 92, www.kritamon.gr). Die Zimmer in der angeschlossenen **€ € Pension Krítamon** sind klein, aber modern.

UMGEBUNG
Etwas südl. lohnen in **Péza** die Weinkellereien Minos (minoswines.gr) und Péza (pezaunion.gr) den Besuch. Auch das Weingut Scalarea Estate bei **Skaláni** (10 km nördl.) empfängt Gäste (scalareaestate.gr/en; Mo.–Sa. 11.00–18.00 Uhr). 6 km weiter südl. ist in **Mirtiá** das moderne Kazantzákis-Museum zu finden (www.kazantzaki.gr/en; Di.–So. 9.00–17.00 Uhr).

Tipp

Samstagsmarkt in Míres

Mit bunten Märkten wartet jedes große kretische Dorf mindestens einmal die Woche auf. Der größte findet Samstagvormittags auf der Hauptstraße des Messará-Dorfes Míres statt. Bauern und Händler bieten Waren aller Art feil, Tavernen und Grillstuben sind gut gefüllt, Rakí und Fleischspießchen werden schon frühmorgens in Mengen konsumiert. Ein selten angebotenes Erfrischungsgetränk schenken mehrere Stände aus: Granatapfelsaft auf viel Eis.

Míres, 16 km nordöstlich von Mátala (gute Busverbindungen ab Iráklio und Mátala)

Amphore in der Palaststadt Mália (oben), Blick ins Asteroúsia-Gebirge (rechts oben), Urlaubsort Sísi an kleiner fjordartiger Bucht (rechts unten).

❸ Mátala

Das Fischerdorf hat sich längst zum Urlaubsort gemausert, neue Hotels stehen in einem nahen Tal. So herrscht im Ortskern noch das Flair vergangener Zeiten.

SEHENSWERT
Die **Grotten** auf der Nordseite der Bucht dienten im Neolithikum als Behausungen, wurden in römischer Zeit als Gräber ausgebaut und in den 1960er-/1970er-Jahren wiederum von Hippies als Wohnstätten genutzt (tgl. 10.00 bis 19.00 Uhr). Der kleine überdachte Bazar in der Strandgasse wirkt schon fast orientalisch.

AKTIVITÄTEN
Wem der Sandstrand vor Ort zu geschäftig ist, wandert in 30 Min. südwärts zum nur zu Fuß oder per Boot erreichbaren **Red Beach** (FKK!).

UMGEBUNG
An der Strecke von Mátala nach Iráklio reihen sich historisch bedeutsame Stätten. Das in minoischer Zeit gegründete **Górtis TOPZIEL** (25 km östl.) war ab 69 v. Chr. römische Inselhauptstadt (tgl. 8.00–20.00 Uhr). Die kleine Palastsiedlung **Festós** (10 km nordöstl.) über der Messará-Ebene kontrollierte bis 1450 v. Chr. die bis an den Horizont reichende Kornkammer Kretas (tgl. 8.00–20.00, im Winter bis 15.00 Uhr). Das auch als Sommerpalast titulierte minoische Heiligtum **Ágia Triáda** (2 km westl. von Festós) war bis in mykenische Zeit bewohnt (tgl. 9.00–15.30 Uhr). Das wissenschaftlich anspruchsvollste volkskundliche Museum Kretas steht in **Vorí** (17 km nördl., www.cretanethnologymuseum.gr; Mo.–Sa. 8.00–17.00 Uhr).

❹ Léndas

Das einsam an der Südküste gelegene Dorf ist mit dem guten Sandstrand Dískos Beach in der benachbarten Bucht (auch FKK) einer der ruhigsten und ursprünglichsten Badeorte Kretas.

SEHENSWERT
Ein griech.-röm. Asklepieion (Di.–So. 8.00–15.00 Uhr) erinnert an das antike Lebena/Levin.

AKTIVITÄTEN
In Tsigoúnas westl. von Léndas bietet Scubakreta **Tauchkurse** (scubakreta.com) an.

HOTEL UND RESTAURANT
Ein ideales Strandhotel ist die **€ Villa Tsapákis** am Dískos Beach (www.villa-tsapakis.gr). Beste kretische Küche serviert **€ € / € € € El Greco** an der Hauptbucht (www.lentas-elgreco.com).

UMGEBUNG
Léndas liegt am Westrand des 1200 m hohen, nahezu völlig baumlosen Gebirges **Asteroúsia Ori TOPZIEL**. Mit geländegängigen Fahrzeugen gelangt man auf einer ganztägigen Rundfahrt über abenteuerliche Serpentinen zum gastfreundlichen Mönchskloster **Moní Koudoumá** (19. Jh.), zum verlassenen Höhlenkloster **Ágios Ioánnis** und in den Weiler **Trís Ekklisiés** mit langem Kiesstrand und mehreren Tavernen.

INFORMATION
www.lentas-online.com; zum Asteroúsia-Gebirge auf www.interkriti.org/asterousia

❺ Mália

Südlich der Durchgangsstraße liegt das alte Dorf mit guten Tavernen, nördlich wurden bis hin zum langen Sandstrand Hotels, Fast-Food-Lokale, Pubs und Diskotheken gebaut. Mália ist das lautstarke Nightlife-Zentrum junger britischer Urlauber auf Kreta, die sich tagsüber bei allerlei Wassersportaktivitäten austoben.

SEHENSWERT
Am östlichen Ortsrand legten Archäologen die minoische **Palaststadt Mália** frei. Eine Besonderheit ist die „Agorá", eine Art Marktplatz (April–Okt. Mi.–So. 8.00–20.00, sonst Mi. bis Mo. 8.30–15.30 Uhr).

RESTAURANTS
Im alten Dorfkern servieren die **€ € / € € € Ouzeri Kálesma** und die in Blau-Weiß gehal-

tene **€ € € Großtaverne San Giorgio** (sangiorgiomalia.gr/de) überwiegend griechische Gerichte in angenehmer Atmosphäre.

UMGEBUNG
In **Krási** an der Straße hinauf zur Lassíthi-Hochebene steht neben einem venezianischen Brunnen auf 600 m Höhe die älteste Platane Kretas (1800–2000 Jahre alt). Im Kloster **Moní Kerá Kardiótissa** wird eine Marienikone verehrt, die sich mehrmals eigenständig aus türkischer Gefangenschaft befreit haben soll.

6 Límenas Chersónisou

Die Küstensiedlung war noch vor fünf Jahrzehnten Bootsliegeplatz für die Fischer des Binnendorfs. Heute ist es neben Mália Kretas bettenreichster Urlaubsort mit breitem Sportangebot, aber nur wenig Strand.

SEHENSWERT
Fischer, Vögel und Meerestiere zeigt ein römisches Mosaik aus dem 3. Jh. als Teil eines **römischen Brunnens** an der zentralen Uferpromenade. Volksbräuchen und der traditionellen Landwirtschaft Kretas widmet sich anschaulich das **Lychnostátis-Museum** am östlichen Ortsrand (www.lychnostatis.gr; So.–Fr. 9.00 bis 14.00 Uhr). Am Bootshafen und auf dem Gelände des Hotels Eri Beach sind Überreste frühchristlicher Basiliken zu sehen.

AKTIVITÄTEN
Am östlichen Ortsrand und direkt am Meer liegt das Spaßbad **Star Beach Water Park** mit 50 m hohem Bungee-Kran (www.starbeach.gr); im wesentlich größeren Spaßbad **Aqua plus** (7 km südl.) locken die Riesenrutschen u. v. m. (www.acquaplus.gr). **Schiffsausflüge** führen nach **Sísi** östlich von Mália und zur unbewohnten Insel Día.

HOTELS UND RESTAURANTS
Als eines der ersten Luxushotels der Insel entstand das **€ € € € Creta Maris** (Odós Dimokratías, www.cretamaris.gr/de). An der Uferpromenade steht das einfache **€ € Níki's** (Odós 25 Martíou 12, Tel. 2897 02 23 79). Abseits des touristischen Trubels wohnt man gut im nahen Dorf Koutouloufári im **€ € € Galaxy Suites Boutique Resort** (www.thegalaxysuites.com) und in den **€ € Korífi Suites & Apartments** (www.korifisuites.com) in Piskopianó. Einen Abendausflug wert ist das **€ € € Galíni** in Koutouloufári mit original kretischer Küche. Urgriechisch ist dort die Taverne **€ € Mýthos** (Odós Sanoudáki Georgíou 19).

UMGEBUNG
Das stille **Koutouloufári** besteht überwiegend aus Hotels mit Flair, Kunstgewerbeläden und netten Bars (1 km südl.). Es geht nahtlos ins Nachbardorf **Piskopianó** über. Weiter westl. breitet sich das alte Dorf **Chersónisos** aus; die guten Tavernen an der schönen Platía veranstalten zusammen mind. einmal wöchentlich einen guten kretischen Folkloreabend.

SPORTLICHES CHERSÓNISOS

Sportliche Urlauber können in Liménas Chersónisou nicht nur auf und unter Wasser aktiv werden, sondern auch im hügeligen Hinterland. Ebenfalls beliebt ist der nahe Golfplatz – der einzige 18-Loch-Parcours Kretas. Längst wachsen Bäume auf den ganzjährig bespielbaren Greens des Crete Golf Club in einem Hochtal südlich des Küstenortes heran. Sie mildern den – notgedrungen gewählten – „Desert Style" etwas ab. Von der Terrasse des großen Clubhauses aus schweift der Blick über das Tal.

Gleich vier Reitställe stehen Pferdefreunden zur Wahl. Das Angebot reicht von kurzen Ausritten am Strand und im nahen Hinterland bis zu Tagesausflügen. Die Odysseia Stables im Dorf Avdoú, das 20 km südöstlich im Lagáda-Tal gelegen ist, hat sogar sechstägige Lassíthi-Trails im Programm. Dabei geht es 160 km weit auf die Lassíthi-Hochebene hinauf und bis an die Südküste hinunter – mit und ohne Führer.

Ob im hügeligen Hinterland oder vor der Kulisse des azurblauen Meeres – die Umgebung von Liménas Chersónisou bietet sich für wunderbare Ausritte an.

Zu den besten Tauchbasen der Insel gehört das Creta Maris Dive Center auf dem Gelände des gleichnamigen Hotels. Täglich werden zwei Tauchgänge mit zwei Tauchbooten angeboten. Die elf Tauchplätze, die maximal 30 Meter tief sind, liegen alle weniger als 10 Min. Bootsfahrt entfernt. Spannende Nachttauchgänge!

Crete Golf Club Straße nach Kastélli, www.cretegolfclub.com

Odysseia Stables Avdoú, www.horseriding.gr

Fínikia Horse Riding am Star Beach Water Park (am östl. Ortsrand), www.hersonissos-horseriding.com

Arion Stables Magafás, Liménas Chersónisou (am westl. Ortsrand ausgeschildert), www.arionstables.com

Amarillis Stable zwischen Chersónisou, Stalís und Mália, www.riding-crete.com

Creta Maris Diving Center dive-cretamaris.gr

Lassíthi

*

KRETAS LIEB-LICHSTE SEITE

*

Die weite Bucht von Mirambello hat, wie es ihr Name nahelegt, bereits die Venezianer begeistert. Ágios Nikólaos, das schöne Städtchen an ihrer Küste, war Kretas erstes Touristenzentrum. Myriaden von Ausflüglern zieht es hinauf zu den Windrädern der Lassíthi-Hochebene. Über Ierápetra unten an der Südküste liegt schon ein Hauch von Afrika.

Ein Feldermosaik überzieht die von sanft gewellter Hügellandschaft eingerahmte fruchtbare Lassíthi-Hochebene.

Das Hafengeschehen von Ágios Nikólaos reizt so manchen Beobachter. Andere schätzen mehr die kulinarischen Aspekte – beispielsweise im Restaurant „Pélagos" – oder das Sportangebot an den Stränden der Mirambello-Bucht.

Fischerboote reihen sich an den Kais des Voulisméni-Sees in Ágios Nikólaos und zaubern eine passende Kulisse für die vielen Tavernen herbei, die das Hafenbecken säumen.

ZWISCHEN DEM FLUGHAFEN VON IRÁKLIO UND ÁGIOS NIKÓLAOS LIEGEN DIE MEISTEN FERIENORTE AUSLÄNDISCHER PAUSCHALURLAUBER.

Auf Postkarten und in Hotelfluren sind sie noch zu sehen: die alten Fotos von der Lassíthi-Hochebene, wo sich einst Hunderte Windräder drehten, um Grundwasser auf die Felder zu schöpfen. Die traditionellen Windpumpen sind schon seit mehreren Jahrzehnten Vergangenheit und Elektropumpen zum Opfer gefallen. Auch Gelder der Europäischen Union haben die Landwirte nicht bewegen können, sie als ökologisch sinnvolle Alternative wieder zu installieren. Zu mühsam erscheint es ihnen, jeden Abend die Masten zu erklimmen und die Segeltuchbespannung einzurollen, damit der Wind sie in der Nacht nicht zerfleddert. Zudem haben neue Staubecken das Bewässerungsproblem verringert. Einige Windräder wurden jedoch restauriert oder als touristische Attraktionen erhalten.

Ob mit oder ohne sie – die Hochebene ist tägliches Ziel Dutzender Ausflugsbusse. Diese steuern vor allem eine Tropfsteinhöhle beim Dorf Psichró an, in der Rhea der Sage nach ihren Sohn Zeus im Schoß der Urmutter Gaia versteckte, um ihn vor dem Schicksal seiner Geschwister zu bewahren – verschlungen vom eigenen Vater, Kronos. Eine andere Version verlegt die Geburt in die Höhle Idéon Ándron auf der Nída-Hochebene bei Anógia. Sie gesteht der von Psichró aber zu, dass in ihr die Ziege Almathía als Amme das göttliche Kind aufzog.

DIE JUGEND DER ALTEN

Die Bauern auf der Hochebene bauen, unterstützt von Hilfskräften aus Albanien, Bulgarien, Rumänien, Pakistan und Afrika, vor allem Kartoffeln, Weizen, Äpfel, Birnen und Gemüse an. In den Kafenía erzählen sie gern von alten Zeiten. Noch in den 1960er-Jahren gab es hier oben keinen einzigen Fernseher. „Kinowagen" kamen und projizierten Filme an die weißen Wände der Kaffeehäuser. Die Kinder wurden in Zisternen gebadet. Und wenn Jungens Eindruck bei Mädchen schinden wollten, brachten sie ihrer Angebeteten Lyra-Ständchen dar. So mancher bekam vom Vater ein Motorrad, damit er doch zumindest außerhalb des eigenen Dorfes auf Brautschau ginge. Und Brot wurde gar nur alle zwei bis drei Monate gebacken.

Ans Meer ging man nicht zum Baden, sondern um in den Olivenhainen zu arbeiten, die durch Einheiraten in den Besitz der Lassíthi-Bewohner gekommen waren. Manche Bauern besaßen dort sogar Häuschen, in denen sie den ganzen Winter verbrachten. Denn der war früher oft so schneereich, dass man wochenlang das Haus nicht verlassen konnte. Darum hatten die meisten Häuser einen

Esel, Schafe und Ziegen gehören zum Alltag am Rand der Lassithi-Hochebene, wo auch manch alter Ölbaum den Zeiten trotzt.

Am Pass Ámbelos Afín blieben Reste der Getreide-Windmühlen erhalten.
Und in der gleichnamigen Taverne locken kretische Spezialitäten.

Vereinzelt setzen Bauern auf der Lassíthi-Hochebene noch auf die althergebrachte Technik, Wasser auf ihre Felder zu pumpen.

engen Verbindungskanal zum Nachbarn. So konnte man sich wenigstens mit ihnen unterhalten, wenn der Gang ins Kaffeehaus unmöglich war.

EINE IDEALE MISCHUNG

An der Westküste der Mirambello-Bucht schmiegt sich die Ägäis ans Städtchen Ágios Nikólaos, dringt vom Hafen aus sogar über einen kurzen Kanal in den Stadtkern ein, wo sich im Voulisméni-See Salz- und Süßwasser mischen. Auf zwei Seiten begrenzen ihn niedrige Felsen. Wo der Platz für eine Seepromenade reicht, haben die Stadtväter eine kleine Seebühne angelegt, Cafébesitzer ihre Tische und Stühle auf den Kai gestellt. Davor sind Fischerboote vertäut und machen die mediterrane Idylle perfekt.

Enge Straßen steigen niedrige Hügel hinauf und hinab, führen auch sanftere Hänge empor. Die Fußgängerzone ist fast ausschließlich Schmuck- und hochwertigen Souvenirgeschäften vorbehalten, während sich überall sonst Angebote für Urlauber und Einheimische bunt durchmischen. Hier gibt es keine Neustadt, in der die Kreter, und keine Altstadt, in der die Touristen auf Souvenirjagd sind. Schließlich ist Tourismus nicht die einzige Einnahmequelle, denn Ágios, wie die Einheimischen ihr Städtchen kurz nennen, ist Bezirkshauptstadt für ganz Ost-Kreta. Und das beginnt gleich hinter Mália im Norden und noch vor Mírtos im Süden. Behörden und Gerichte sorgen für Arbeitsplätze.

INSEL DES GRUSELNS

Nördlich von Ágios erstreckt sich die nahezu menschenleere Insel Spinalónga, deren Nordwestspitze das winzige, gerade mal 200 Meter breite und 400 Meter lange Felseiland Kalidón vorgelagert ist. Es avancierte zu einem der bedeutendsten Ausflugsziele Kretas. Allerdings nicht wegen seiner gut erhaltenen venezianischen Burganlage, sondern weil seine jüngste Geschichte Gänsehautmomente verspricht. Zwischen 1903 und 1957 waren alle Leprakranken Kretas ge-

Für die Mönche vom Kloster Faneroménis ist Gastfreundlichkeit selbstverständlich. Um Grá Ligiá an der Südküste hat sich der Gemüseanbau etabliert. Ferienstimmung ist eher am Hafen von Eloúnda und in Ierápetra zu finden.

zwungen, in absoluter Isolation von der Außenwelt, von Familie und Freunden, auf diesem Festungseiland zu leben. Die wenigen dort ansässigen Bauern wurden vertrieben, ihre Häuser von den Kranken übernommen.

Soweit möglich, übten sie weiterhin ihre Berufe aus. So gab es einen Priester, einen Frisör, einen Tavernenwirt. Kranke heirateten untereinander. Bekamen sie gesunde Kinder, wurden ihnen diese weggenommen und aufs kretische Festland gebracht. Ein Arzt kam lange allenfalls sporadisch zur Visite, erst 1937 wurde die vormalige Moschee in eine Krankenstation verwandelt. Einige der Gebäude stehen noch, andere lassen Fremdenführer in ihren ausgeschmückten Erzählungen fantasievoll wieder auferstehen.

AUCH IM WINTER MILDES KLIMA

Seines milden Klimas wegen ist die größte Stadt an der Südküste für Überwinterer besonders attraktiv. Die Nähe Afrikas ist hier nicht nur dann spürbar, wenn heiße Winde aus der Sahara herüberwehen – der Suchlauf des Autoradios findet ständig libysche oder ägyptische Sender. Und so war auch Ierápetra für Napoleon auf seinem Weg nach Ägypten die letzte europäische Station.

Dabei prägt Ierápetras Umgebung niederländischer Einfluss: Ein Niederländer brachte hiesigen Bauern als ersten Kretern bei, wie man Tomaten, Gurken und Frühgemüse in Gewächshäusern zieht. Heute wünschen sie sich einen eigenen Flughafen – nicht für Touristen, sondern für Frachtmaschinen, die ihnen für ihre Exporte den umständlichen Weg per Lastwagen und Fähre über Piräus ersparen. Der relative Wohlstand der Bauern prägt auch die Stadt, die mit ihrem Angebot an Geschäften und Tavernen mehr auf die Landwirte denn auf ausländische Gäste abzielt. So servieren die vielen Ouzerien an der Uferfront bevorzugt sardinengroße Fische, frittiert oder in Essig eingelegt. Und Oktopus, Meeresfrüchte und Schnecken stehen fast überall auf der Karte.

Gesünder Leben

MYTHOS KRETA-DIÄT

Ein deutscher Mediziner und Sternekoch Johann Lafer haben die „Kreta-Diät" bei uns populär gemacht, verspricht sie doch ein gesünderes und längeres Leben. Die Kreter selbst kennen das Schlagwort nicht und ernähren sich zumindest heute ganz anders.

Der amerikanische Wissenschaftler Ancel Keys war der Erste, der in einer internationalen Studie die Ernährungsgewohnheiten der Mittelmeerbewohner und seiner eigenen Landsleute miteinander verglich und in Relation zur Lebenserwartung setzte. Am gesündesten lebten seinen Erkenntnissen nach die Kreter. Er führte die Untersuchungen allerdings in den 1950er- und 1960er-Jahren und unter Kretas armen Bergbauern durch. Doch die ernährten sich nicht unbedingt freiwillig so gesund wie Keys in späteren Jahren – der Forscher war immerhin fast 101 Jahre alt, als er in seinem Altersdomizil in Süditalien starb.

Die späteren Propagandisten der Kreta-Diät formulierten mehrere Grundlagen gesunder, angeblich typisch kretischer Ernährungsweise: den weitgehenden Verzicht auf tierische Fette, den häufigen Verzehr von Fisch, Obst, Salat und frischem Gemüse, reichliche Verwendung von Knoblauch und das tägliche Gläschen Rotwein. Das Allerwichtigste erschien ihnen aber der reichliche Konsum guten Olivenöls – von dem jeder Kreter im statistischen Durchschnitt über 30 Liter pro Jahr verbraucht.

Der Schlüssel zu einem langen Leben? Kretas Oliven und das daraus gewonnene Öl gelten als gesundheitsfördernd.

OLIVENÖL STATT BUTTER

Olivenöl ist für die Kreter ein Lebenselixier. Bio-Qualitäten werden vor allem für edle Restaurants und den Export produziert. Die meisten Kreter verwenden ein Durchschnittsöl von den eigenen Bäumen. Mit ihm wird gekocht, werden Salate zubereitet. Öl gehört auf den Schafskäse und den gegrillten Fisch. Fast nie bleibt Öl auf dem Teller zurück – es steht ja immer genug Weißbrot auf dem Tisch, um es aufnehmen zu können. Gesünderes Vollkornbrot mögen die meisten Kreter ebenso wenig wie Butter. Dass die jetzt in den Brotkörben vieler Tavernen so verbreitet ist, liegt an vermeintlichen Urlauberwünschen – Kreter schmieren sich keine Stullen.

ZUCCHINIBLÜTEN SIND EIN GEDICHT

Gemüse steht bei den Kretern daheim meist auf dem Speisezettel – wenn sie ausgehen, wollen sie Fleisch oder Fisch auf dem Tisch sehen. Deshalb gibt es auch fast nie eine Gemüsebeilage auf dem Teller. Gemüse muss, wenn gewünscht, üblicherweise extra bestellt werden und wird als eigene Portion separat serviert. Eine Ausnahme sind gefüllte Gemüse: Paprika, Tomaten oder Auberginen, Wickel

Köstlich sind kretische Orangen, die auf der Insel auch oft wild wachsend vorzufinden sind.

Links: Als Spezialität gelten Anthoús, mit Reis und Kräutern schmackhaft gefüllte Zucchiniblüten.

aus Kohl- oder Weinblättern. Als Spezialität gelten Anthoús: Dafür werden Zucchiniblüten taufrisch gepflückt und in mühsamer Kleinarbeit einzeln mit feinem Reis und Kräutern gefüllt.

Kartoffeln essen die Hellenen in großen Mengen, seit Fritteusen im Land Einzug gehalten haben. Doch die guten heimischen Knollen von der Lassíthi-Hochebene werden stiefmütterlich behandelt, die Pommes bestenfalls in Sonnenblumenöl frittiert.

VIELFALT DER SALATE

Auch ein Salat gehört zu jedem griechischen Essen. Der bekannte Choriá-

KRETISCHE KÜCHE ALS GARANT FÜR EINE HOHE LEBENSERWARTUNG? DIE WIRKLICHKEIT ZEIGT OFTMALS EIN ZWIESPÄLTIGES BILD.

Die Kreter schätzen nicht nur Salat oder fettarmen Schafskäse, sondern eben auch saftiges Fleisch – am liebsten gegrillt.

tiki, weithin als Bauern- oder Griechischer Salat bekannt, ist nur eine von vielen Varianten. Römer- und Krautsalat stehen auf fast jeder Karte, vor allem aber Chórta, blanchierte Mangoldblätter, Huflattich, Löwenzahn oder andere bei uns oft noch eher als Unkraut betrachtete Grünpflanzen. Unglaublich aromatisch ist auch Xórta, gekochtes Wildgemüse, meist mit Zitronensaft und Olivenöl serviert. Politikí, also „Hauptstadtsalat" – gemeint ist Konstantinopel –, ist eine Mischung aus Weiß- und Rotkohl mit Karottenstreifen. Als Salate gelten zudem Pürees auf Joghurt- oder Kartoffelbasis: Tsatsíki mit Gurken und Knoblauch, der rötliche Taramosaláta aus Fischrogen, das Auberginenpüree Melindsánosaláta und das nach Erdnuss schmeckende Tachíni.

BACKOFEN UND HOLZKOHLEGRILL

Bis auf die Pommes frites könnten alle bisher aufgezählten Spezialitäten – in Maßen genossen – durchaus Teil einer gesunden Kreta-Diät sein. Doch am Ende kommen die Hauptgerichte ins Spiel. Schweinefleisch ist auch auf der Insel billiger als Huhn, Rind oder gar Lamm und Zicklein und wird entsprechend viel gegessen. Am meisten schätzt man über Holzkohle gegrilltes Fleisch mit Geschmack verstärkendem Fett.

Fisch würden viele Kreter noch immer gern essen. Doch der Preis macht ihn für die meisten zur Rarität. Trotzdem sind die teuren Krustentiere zum Modeessen geworden. Als Astakómakaronáda stehen Langusten mit Spaghetti auf der Karte fast jeder Fischtaverne, die auf sich hält. Dem Cholesterinspiegel sind sie wie auch die griechischen Muscheln und die importierten Gambas nicht gerade förderlich. Aber eine gesunde Kreta-Diät hat auf der Insel eben niemand im Sinn. Sie war eine Folge der Armut, nicht der Einsicht.

Tavernen mit typisch kretischer Küche

Region Kíssamos
To Farángi, Kentrikí Platía, Delianá, tavernafaragi.com.gr

Region Chaniá
Meterízi, Ktírio Drómo, Thériso, Tel. 2821 07 89 30

Region Réthimno
Pigádi, Odós Xanthoudídou 31, Réthimno, pigadi-crete.com/de

Region Iráklio
Peskési, Odós Kapetán Haralámpi 6–8, peskesicrete.gr/en

Region Ágios Nikólaos
Kanáli, am Damm auf der vorgelagerten Insel, Eloúnda, Tel. 2841 04 20 75

Region Sitía
Mesostráti, Paralía, Mochlós, Tel. 2843 09 41 70

Fisch und Meeresfrüchte sind inzwischen zur Luxusware geworden, auch weil die Gewässer rund um Kreta überfischt sind.

Maßstab 1 : 265 000
0
5 km
Kritikó Pélagos
Livikó Pélagos
Kólpos Malíou
Kólpos Mirambéllou
Anissáras Beach
Akr. Chersónisos
Analipsí
Anissáras
Liménas Chersonísou
Λ. Χερσονήσου
Lyttos Beach
Stalida Beach
Mália Beach
Eastern Beach
Chrisolákos
Agrianoú
Piskopianó
Chersónisos
Χερσόνησος
Koutouloufári
Stalída
Σταλίδα
Mália
Μάλια
Acquapark
Pirgiá
580 m
Vígla
534 m
Mochós
Μοχός
Kóxari
Kaló Chorió
Máza
Aposelémis
Afendis Christós
Moní Gouverniótissa
Lagós
Potamiés
Ποταμιές
Sfendíli
Ágios Pandeleímon
Avdoú
Αβδού
Moní Kerá Kardiótissa
Kráou
Káto Karouzaná
Goniés
Γωνιές
Kerá
Homo Sapiens Museum
Kastélli
Καστέλλι
Líttos
Pigí
Aski
Ámbelos Afín
900 m
Louloudáki
1107 m
Moní Vidianís
Xidás
Tíchos
Kastamonitsa
Káto Metóchi
Amarianó
Lilianó
Máthia
Ágios Charálambos
Aféndis
1578 m
Lassíthi
Plati
Psichró
Ψυχρό
Diktéo Ándro
Kaminaki
Avrakóndes
Lasinthos Eco Park
Agía Paraskeví
Armácha
Geráki
Γεράκι
Koprokefála
984 m
Sarakinó
1588 m
Nipidítos
Virgiméno
1414 m
Mageréftra
1462 m
Pinakianó
Tzermiádo
Τζερμιάδο
Moní Kristallénias
Mésa Lassíthi
Ágios Konstantínos
Ágios Geórgios
Άγ. Γεώργιος
Patéra tá Séllia
1100 m
Selená Óros
Ráchi
801 m
Krási
Kárfi
1150 m
Karfí
Seléna
1599 m
Machera
1487 m
Éxo Potamí
Zénia
Amigdáli
Pótamos
Panagía Selinári
Moní Ágios Geórgios Vrachasióti
Paralía Milátou
Sísi
Agía Varvára
Epáno Sísi
Anginarás
307 m
Akr. Poúnta
Órmos Pórou
Mílatos
Spíleo Milátou
Anógia
Kounáli
Amigdalés
Anídros
631 m
Nofaliás
Moní Xera Xila
Vrachási
Βραχάσι
Stavrós
794 m
Latsída
Λατσίδα
Voulisméni
Neápoli
Νεάπολη
Tsekoúra
998 m
Arkoláki
915 m
Vríses
Drási
Anginarás
577 m
Moní Agía Andréa
Akr. Kástri
Agía Andréa
Koudoúmalos
Finokaliá
Vlichádia
Káto Sélles
Mironíkitas
Akr. Ágios Ioánnis
Akr. Fátsi
Ágios Geórgios
Sélles
Vrouchás
Váltos
Skiniás
Dílakos
Moní Aretíou
Karídi
Chavgás
Pláka
Πλάκα
Spinalónga
Nisí Kalidón
Nisí Spinalónga
100 m
Órmos Kolokithía
Nisí Kolokithía
Kolokithia Beach
Loútra
140 m
Oloús
Akr. Vángi
Órmos Póru
Perámbela
Dóries
Tsifliki
Áno Pinés
Mavrikianó
Kouroúnes
Káto Pinés
Elounda
Ελούντα
Kastélli
Foúrni
Drívos
Límnes
Ágios Ioánnis
Kaló Lákko
Choumeriákos
Lénika
Drákos
Akr. Pleóra
Chavania Beach
Katsikiá
Xirókambos
Kartérides
Órmos Ágios Nikólaou
Akr. Pleóra
Nisí Ágios Pándes
Adrianós
Éxo Lakkonía
Flamouriana
Tápes
Ágios Nikólaos
Άγ. Νικόλαος
Kitroplatia Beach
Almiros Beach
Ammoundára Beach
Lató
Thilakas
521 m
Farángi Kritsa (Kritsa-Schlucht)
Kathard Tsiví
1564 m
Vóina
Kritsá
Κριτσά
Panagía i Kerá
Ágios Ioánnis Theol.
Kroústa
Κρούστα
Mardáti
Vathí
Ammoundára
Órmos Vathí
Kaló Chorió Beach
Órmos Chorioú
Voulisma Beach
Akr. Macharídi
Vrioníisi
134 m
Ístro
Vrókastro
Ágios Sílas
Pírgos
Kaló Chorió
Καλό Χωριό
Moní Faneroménis
Nisí Psíra
204 m
Akr. Móchlos
98 m
Órmos Altsí
388 m
Órmos Pachiá Ámmou
Tholós
Plátanos
Kapsás
1002 m
Kavoúsi
Καβούσι
Nisí Konída
Gourniá
Pachiá Ámmos
Παχεία Άμμος
Papoúra
1011 m
Mésilles
Thripti
Farángi Chá
Aféndis Stavroménos
1476 m
Kathará
Katharó
Avdeliákos
Kourelí
1396 m
Psarí Madára
2148 m
Lázaros
2085 m
Díkti Óri
1462 m
Arkádes
Afráti
Panagía
Παναγία
Kasános
Thomadianó
Émbaros
Xeniákos
Katofígi
Milliarádes
Aféndis Christós
2141 m
Selákano
Mathokotsaná
Máles
Μάλες
Mále
1141 m
Psorians
Prína
Kalamáfka
Καλαμαύκα
Lárissa
Meseléri
Óleros
Skinávria Korifí
698 m
Plakokefála
712 m
Papoúra
1011 m
Vasilikí
Monastiráki
Karavádos
Mártha
Koupá
1187 m
Aplíki
1183 m
1341 m
Christós
Metaxochóri
Moní Pan. Exakoutís
Madára
1783 m
Makriliá
Stavrós
Papadianá
Episkopí
Ágios Ioánnis
Άγιος Ιωάννης
Schinokápsala
Loutráki
Áno Viánnos
Άνω Βιάννος
Káto Viánnos
Káto Simi
Áno Sími
(Sarakiná-Schlucht)
Farángi Sarakiná
Psathí
Ágios Geórgios
Kéfala
312
Frágma Bramianá
Kamára
Kendrí
Κεντρί
Káto Chorió
Κάτω Χωριό
Katalímata
803 m
426 m
Mési
Amirás
Pefkos
Vachós
Krevvatás
Agía Moní
Ágios Vasílios
Kalámi
Kaiménos
Míthi
Ríza
Mourniés
Anatolí
Ανατολή
Kalógeri
Galíni
Chóndros
Kefála Chóndrou
735 m
Farángi Áno Viánnos
Farángi Arví
Sikológos
Loutráki
Gdóchia
Pírgos
Mírtos
Foúrnou Koryfí
Ammoudáres
Grá Ligiá
Γρα Λυγιά
Bramianá
Vainiá
Kutsounári
Férma
Agía Fotiá
Nisí Fothi
Órmos Pezáki
Akr. Katérgo
Anapodáris
Pezepés
Kastrí
Keratókambos
Moní Arví
Psarí Foráda
Faflángos
Tértsa
Vátos
Mírtos
Μύρτος
Néa Mírtos
Néa Anatolí
Stómio
Potamí
Ierápetra
Ιεράπετρα
Ierápetra Beach
Akr. Ierápetra
Órmos Ierápetras
Akr. Kalamáki
Árvi
Αρβή
Dérmatos
Sidonía
Órmos Keratókambou
Akr. Peristeriónas
Akr. Sidonía
Akr. Theofílou
Órmos Tértsa
Tértsa Beach
Akr. Xeromíli
Mirtos Beach
Nisí Chrisí
Gold Beach
Kefála
Mikronísi
27 m
Ágios Nikólaos
21 m
Vougioú Máti
Anemonites Beach
Akr. Zarathústra
E 75
E4
90
92
1
2
3
4
5

ZWISCHEN ÄGÄIS UND LIBYSCHEM MEER

An Kretas schmalster Stelle ist die Insel besonders vielgestaltig. Zwischen den Luxus-Resorts von Eloúnda und dem lebenslustigen Städtchen Ágios Nikólaos an der Nordküste, der ganz ländlichen Lassíthi-Hochebene und dem schon fast afrikanisch anmutenden Ierápetra zeigen sich die Gegensätze besonders eindrucksvoll.

1 Ágios Nikólaos

Die Verwaltungshauptstadt Ostkretas (28 000 Einw.) zog als erster Ort Kretas schon in den 1960er-Jahren Badeurlauber an. Seitdem ist das Städtchen ganz auf Tourismus eingestellt, verlor dabei aber nie sein charmantes Eigenleben. Die wenigen Strände im Ortsbereich sind für die großen Besucherzahlen zu klein, gebadet wird daher überwiegend an Felsterrassen oder an den Stränden der Umgebung.

Tipp

Die Gottesburg

Die kurvenreiche, zwischen Ístro und Gourniá ausgeschildert Fahrt von der Küstenstraße hinauf zum 6 km entfernten Kloster Faneroménis gleicht einer Safari. Gräser brechen sich durch den Asphalt, Schafe und Ziegen sonnen sich auf der Piste. Sie haben keine Eile aufzustehen, fressen manchmal Autofahrern sogar aus der Hand. Am Ende der Strecke thront das wehrhaft wirkende Kloster an der Felswand. Seine beiden sehr gastfreundlichen Mönche betreuen zahlreiche Dörfer in der Umgebung seelsorgerisch und sind daher nicht immer da – aber auch bei geschlossenen Klosterpforten lohnt die Fahrt hinauf der Tiere und des fantastischen Ausblicks wegen.

Kalidón diente einst als Lepra-Quarantänestation. Auf Eseln wird auf der Lassíthi-Hochebene mitunter heute noch geritten.

SEHENSWERT
Das Stadtbild bestimmt der kleine **Limni Voulisméni** – angeblich badeten schon die Göttinen Athene und Artemis in dem türkisblauen Süßwassersee. Innen traditionell ausgemalt, eignet sich die Hauptkirche **Agía Triás** für eine Lehrstunde in orthodoxer Ikonenmalerei (Platía Elefthériou Venizélou; tgl. 8.00–12.00 u. 16.00 bis 19.00 Uhr).

MUSEUM
Bedeutendstes Objekt des innen komplett neu gestalteten, sehr interessanten **Archäologischen Museums** ist die frühminoische „Göttin von Mirtos" (2500 v. Chr.). Ein kleiner Kopf bildet den Deckel des Gefäßes, der glockenförmige Körper trägt Merkmale einer Frau (Odós Paleológou 74; Mi.–Mo. 8.30–15.30 Uhr).

AKTIVITÄTEN
Bootsausflüge führen tgl. (von Ágios Nikólaos, Eloúnda 11 km nördl. und Pláka 16 km nördl.) zum Inselchen Kalidón mit der venezianischen Festung Spinalónga (16. Jh.); 1903–1953 wurden alle Leprakranken Kretas hier interniert (häufige Abfahrten). **Mountainbiketouren** und Rennradwochen bietet Martinbike (am BeachHotel Faedra in Amoudará und an der Bikestation in Vathí, Villa Sillas; mit neuem Bikehotel; www.martinbike.com/de).

HOTELS UND RESTAURANTS
Der Klassiker unter den Luxushotels vor Ort ist das € € € € **Minos Beach Art Hotel** direkt am Meer (Aktí Elia Sotirchou, Tel. 2841 02 23 45, www.bluegr.com). Als gehobene Mittelklasse mit Dachpool zeigt sich das € € € **Coral** (Aktí Koundoúrou 23, Tel. 2841 02 83 63-6, www.coral-hotel.gr). Pella heißt ihre Gäste in der einfachen € € **Pension Mýlos** herzlich willkommen (Odós Sarólidi 24, Tel. 69 45 99 26 61 pensionmylos.com). Das € € € € **Pélagos** serviert frischen Fisch und Meerestiere im lauschigen Garten einer klassizistischen Villa (Odós Stratigoú Koráka 10, Tel. 2841 08 20 19). Lecker traditionell kretsich essen am Meer im € € € **Archóntiko** (Akti Pagaloú 2, Kitroplatía Beach, Tel. 69 40 57 76 06). Das ausgezeichnete € € € **Yiasémi** Meze-Restaurant versteckt sich in einem Gässchen neben der Kirche Agía Triás (Kíprou 1).

UMGEBUNG
Gourniá (19 km südöstl.) war in minoischer Zeit ein Landstädtchen und ist mit seinen zwei- bis dreistöckigen Häusern, Kanalisation und Kultbau – aber ohne „Palast" – ein Beispiel für frühen Städtebau (tgl. 8.30–15.30 Uhr).

INFORMATION
Tourist-Information, Aktí Iosíf Koundouroú Brücke zwischen Hafen und See, Tel. 2841 02 23 57, www.aghiosnikolaoscrete.com

2 Eloúnda

Die zahlreichen Luxushotels in seiner Umgebung haben das Küstendorf (2250 Einw.) bekannt gemacht. Es hat sich seinen kretischen Charme halbwegs bewahrt und lockt mit der schönen Lage gegenüber der Insel Spinalónga.

SEHENSWERT
In Dammnähe zwischen Eloúnda und Spinalónga haben Archäologen die versunkene antike Stadt Oloús geortet. An Land blieb das **Bodenmosaik** einer frühchristlichen Basilika auf einem Feld hinter der Inseltaverne Canal Bar gleich am Damm erhalten.

HOTELS UND RESTAURANTS
Ob Bungalow mit eigenem Pool und Butler, Segeljacht mit Crew oder Pianist fürs Privatkonzert – die Luxushotels von Eloúnda lassen keine Wünsche offen. Einen Einblick in diese Welt bekommen Nicht-Hotelgäste bestenfalls, wenn sie in einem der Gourmet-Restaurants dieser Häuser einen Tisch buchen: **€ € € € Calypso** im **€ € € € Hotel Elounda Peninsula** (Tel. 2841 06 82 50, www.eloundapeninsula.com); **€ € € € Tholos** im **€ € € € Hotel Domes of Elunda** (Tel. 231 081 06 24, www.domesofelounda.com); **€ € € € Anthós** im **€ € € € Hotel Phāea Blue** (Tel. 2841 06 55 00, phaeablue.com). Direkt ins Hafenbecken wurde die **€ € € Taverne Vritomártes** gebaut (Tel. 2841 04 13 25, www.vritomartes.gr). Sie serviert ausgezeichnete Meeresfrüchte. Zwischen Hafen und Damm säumen mehrere gute Fischtavernen die Promenade.

UMGEBUNG
In den Dörfern im Hinterland wie **Kastélli, Foúrni** (beide 10 km westl.) und **Karídi** ist noch viel venezianische Bausubstanz erhalten. Dort liegt einsam in der Hügellandschaft das schöne, restaurierte Kloster **Moní Aretíou** aus dem 16. Jh., in dem noch ein – sehr gastfreundlicher – Mönch lebt (tagsüber fast tgl. geöffnet; Tel. 2841 03 21 20).

3 Kritsá

Das große Bergdorf (1300 Einw.) ist reizvoll gelegen und ein beliebtes Ausflugsziel von Ágios Nikólaos aus. In einer halben Stunde ist es per Linienbus leicht zu erreichen. Als Standort ist es eine gute Alternative zum Trubel an der Küste.

Links: Luxus pur im Hotel ***Phāea*** *Blue.*
Oben: Mythisch vereint sind Göttervater Zeus und die Tropfsteinhöhle Diktéo Ándro.

IM SCHÖN RESTAURIERTEN KLOSTER MONÍ ARETÍOU LEBT NUR NOCH EIN MÖNCH – ER HEISST BESUCHER HERZLICH WILLKOMMEN.

SEHENSWERT
Die byzantinische Kirche **Panagía Kerá** aus dem 13./14. Jh. am unteren Dorfrand ist ein Highlight und mit relativ gut erhaltenen Wandmalereien zweier ganz verschiedener Stilrichtungen ausgeschmückt (südl. und ca. 500 m vom Dorf entfernt; Di.–So. 8.00–15.00 Uhr).

HOTEL UND RESTAURANT
Eine der wenigen Unterkünfte im Ort ist die einfache **€ Pension Argyró** (Tel. 2841 05 11 74, www.argyrorooms.com), wo tgl. auch frisch gekochte Hausmannskost serviert wird.

UMGEBUNG
Lató (4 km nördl.) ist die besterhaltene antike Siedlung aus dem 1. Jt. v. Chr. Auf und an einer Kuppe sieht man Reste eines Stadttors, eines Theaters sowie mehrerer Tempel und Häuser. Die auf 1200 m Höhe gelegene, besonders urig-ländliche **Katharó-Hochebene** (17 km westl.) wird nur im Sommer bewohnt.

4 Lassíthi

Die Lassíthi-Hochebene ist die fruchtbarste Bergregion Kretas. Ihre 17 zum Teil sehr stillen Dörfer werden immer noch von landwirtschaftlichem Leben geprägt. Vor allem wer über Nacht bleibt, erlebt kretische Ursprünglichkeit.

SEHENSWERT
Die gesamte **Hochebene** TOPZIEL ist überaus beliebt, Hauptziel aller Ausflugsbusse die Tropfsteinhöhle **Diktéo Ándro** oberhalb des Dorfes **Psichró,** in der der Legende nach Zeus geboren oder zumindest großgezogen wurde (Mai–Okt. Di–So 8.00–20.00 Uhr). Besucher erreichen sie in einem 20-minütigen Aufstieg vom Parkplatz aus oder auf dem Rücken eines Esel oder Maultiers. Auf der nördlichen Passhöhe **Ámbelos Afín** sind auf etwa 900 m die Stümpfe der Windmühlen erhalten, in denen die Lassíthi-Bauern einst ihr Getreide mahlen ließen. Im kommerziellen **Lasínthos Eco Park** bei Ágios Geórgios, der mit Ökologie wenig zu tun hat, demonstrieren zeitweise Kerzenzieher, Schnitzer, Töpfer und Weber ihr altes Handwerk (Tel. 2844 08 91 00-8, www.lasinthos.gr).

MUSEEN
In Ágios Geórgios zeigt ein **volkskundliches Museum** u. a. in einem alten Bauernhaus, wie man bis in die 1950er-Jahre auf der Hochebene lebte (Mai–Okt. tgl. 10.30–17.00 Uhr). Hier ist auch der Schlüssel für das benachbarte **Venizélos-Museum** erhältlich, in dem hauptsächlich Fotos und Zeitungsausschnitte an den kretischen Staatsmann erinnern.

HOTELS UND RESTAURANTS
Ferienwohnungen mit viel Flair in restaurierten alten Dorfhäusern machen das **€ € € / € € Vilaéti** zur besten Adresse auf der Hochebene (Ágios Konstantínos, Rezeption an der Hauptstraße, Tel. 2844 03 19 83, www.vilaeti.gr). Elf Zweizimmerapartments mit offenem Kamin stellt die **€ € Pension Argoúlias** in einem dreistöckigen Natursteinbau zur Verfügung, das Frühstück mit vielen regionalen Zutaten wird im Apartment serviert (Tzermiádo, Tel. 2844 02 27 54, www.argoulias.gr).
Die Pflege der kretischen Küche mit vielen Bio-Produkten hat sich das **€ € / € € € Vilaéti** in Ágios Konstantínos auf die Fahne geschrieben (Tel. 2844 03 19 83, www.vilaeti.gr). Den saftigsten Schweinebraten weit und breit bereitet das **€ € Ámbelos Afín** auf der gleichnamigen Passhöhe täglich frisch im großen Holzbackofen zu (mit großer Panoramaterrasse; in der Regel ab 12.30 Uhr). Eine Spezialität der Taverne **€ Kri-Kri** ist die Ziegenfleischsuppe „Gída" (Tzermiádo, an der Hauptstraße).

UMGEBUNG
Von Tzermiádo führt eine schmale Betonstraße auf die menschenleere **Nísimos-Hochebene** (nördl.) mit der Gipfelkapelle Tímios Stavrós und der Kapelle Agía Ariádni im Tal. Von ihr gelangt man in rund 45 Wanderminuten zu den einsamen Überresten der antiken Siedlung

JA NATÜR LICH

Karfí (nur ca. 1190 bis 1050 v. Chr. besiedelt). An der Straße von der Passhöhe Ámbelos Afín zur Nordküste versucht das **Homo-Sapiens-Freilichtmuseum** auf liebenswert-naive Weise eine Darstellung der Menschheitsgeschichte (Tel. 693 256 83 55; April–Okt. tgl. 9.00–17.00 Uhr).

5 Ierápetra

Die südlichste Stadt Europas (27 500 Einw.) liegt im Zentrum einer mit Gewächshäusern bedeckten Küstenebene und wird eher von der Landwirtschaft als vom Tourismus geprägt. Eine Uferpromenade mit vielen Cafés zieht sich vor dem neuen Stadtzentrum entlang, die Altstadt mit ihrer Moschee ist ein reines Wohngebiet.

SEHENSWERT

Von den Mauern der winzigen venezianischen **Festung Kales** (13. Jh.) am Meeresufer (Odós Samuíl; Mi.–Mo. 8.30–15.30 Uhr) ist die ganze Altstadt mit dem Minarett ihrer restaurierten **Moschee** zu überblicken (Odós Vitzéntzos Kornáros). Ein Schild an der Uferstraße macht auf ein Altstadthaus aufmerksam, in dem Napoleon 1798 auf seinem Weg nach Ägypten seine einzige Nacht auf griechischem Boden verbracht haben soll. Das kleine **Archäologische Museum** in einer ehemaligen osmanischen Schule von 1899 birgt drei schöne minoische Sarkophage und eine römische Marmorstatue der Göttin Persephone aus dem 2. Jh. (Platía Kanoupáki; Mi.–Mo. 8.30–15.30 Uhr).

HOTELS UND RESTAURANTS

Das moderne **€ € € Petra Mare** ist zwar ein klobiger Hotelklotz mit 227 Zimmern, liegt aber direkt am Meer zwischen Strand und Hafen und punktet mit gutem Essen, zwei Pools, super Service (Odós A. Filothéou 6, Tel. 2842 02 33 41, petramare.com). Stimmungsvoll ist Manos' **€ / € € Cretan Villa** im ehemaligen Hospital des 19. Jh.; neun Zimmer säumen den gemütlichen Innenhof (Odós Oplárchou Lakérda 16, Tel. 2842 02 85 22, www.cretan-villa.com). Das **€ € / € € € Restaurant Levante** (Fischtaverne) an der Uferstraße überzeugt durch ausgezeichnete griechische Küche zu vernünftigen Preisen (Odós Stratigoú Samouíl 38, Tel. 2842 08 05 85, www.levante-taverna.gr/en). Etwas versteckt liegt das **€ / € € Odéion**, das mit seiner leckeren kretischen Küche nicht nur bei Einheimischen beliebt ist. Mit super Innenhof (Odós Lasthénous 18, Tel. 2842 02 74 29).

UMGEBUNG

Östlich des Badeortes **Mírtos** (13 km westl.) liegen abseits der Straße ausgeschildert die Ausgrabungen des **Pýrgos Mýrtos Minoan Settlement** mit Überresten aus dem 3. und 2. Jt. v. Chr. wunderschön auf der Kuppe des Pýrgos Mýrtos – magisch (frei zugänglich).

INFORMATION

Tourist-Info an der Platía Kanoupáki; digitales Museum über eine mobile App unter www.ierapetra.gr/index.php/en

AUF HALBEM WEG NACH AFRIKA

Eine kleine Insel südöstlich von Ierápetra ist Ziel eines Bootsausflugs, der von Reisebüros in ganz Ost-Kreta angeboten wird. Den Besucher empfangen auf Chrisí exotische goldfarbene Sandstrände. Eine Inselumwanderung in der einzigartigen Natur – farbige Lava- und Kieselschieferschichten, Heidelandschaft mit bis zu 200 Jahre altem Wacholderbewuchs und Europas größter Libanon-Zedernwald – ist aus Naturschutzgründen nicht mehr erlaubt.

Chrisí ist offiziell unbewohnt, mitunter trifft man aber Fischer an. Im Sommer bleiben junge Griechen (verbotenerweise) auch gern über Nacht und feiern Beach Partys. Die Boote aus Ierápetra legen meist im Süden am Vougioú-Matí-Strand und/oder (je nach aktueller Regelung) im Norden am Golden Beach an. Die anderen Strände dürfen nicht mehr betreten werden.

Bereits die Überfahrt nach Chrisí über azurblaues Meer ist ein Erlebnis.

Das flache, kristallklare Wasser, der seltene Zedernwald und die stille Atmosphäre dieses geschützten Ökosystems machen Chrisí zu einem besonderen Naturerlebnis. Ausreichend Proviant und auch Trinkwasser ist mitzunehmen, sprudeln doch nirgendwo auf Chrisí Quellen.

Ausflugsschiffe ab Ierápetra mehrmals tgl., Rückkehr ca. 18.00 Uhr; Tickets direkt am Hafen. Nur geringfügig teurer sind Überfahrten mit kleinen Motoryachten (Tel. 697 2 89 42 79, www.nautiloscruises.com). Sie sollten ca. 30 Min. vor der Abreise an Bord sein. In Ierápetra gibt es einen kostenlosen Parkplatz am Fischerhafen.

Achtung: Erkundigen Sie sich vor der Bootstour, wie die aktuellen Bedingungen für den Besuch der Insel sind. Zum Recherchezeitpunkt durften die Boote nicht an der Insel anlegen und Besucher mussten ca. 20 Meter weit schwimmen. Badeschuhe mitnehmen!

Osten

*

SULTANINEN, PALMEN UND BANANEN

*

Der Osten überrascht. Mit einem Palmenhain am Strand von Vái und Bananenplantagen dahinter. Mit Dorfstraßen, auf denen die Sonne Trauben in Sultaninen verwandelt, mit einer einsamen minoischen Palaststadt. Ausgerechnet ein Kloster will jetzt die beschauliche Ländlichkeit der Region trüben.

Im Sommer ist er oft überfüllt, aber der Strand von Vái mit dem unter Naturschutz gestellten Palmenhain ist ein Muss.

Stadtnah reihen sich in Sitías Hafen Sport- und Fischerboote,
an der Mole legen die Fährschiffe an.

Auch beim antiken Hafenplatz Ítanos trotzten nur Grundmauern dem
Zahn der Zeit – wie die der vor 1500 Jahren errichteten Basilika.

Sitías neuere Stadtteile ziehen sich um die gleichnamige Bucht den Hang hinauf.

Auf Kreta wird griechischer Kaffee häufig traditionell in heißem Sand bereitet.

»KRETA IST EINE WIEGE, EIN INSTRUMENT, EIN VIBRIERENDES REAGENZGLAS, IN WELCHEM EIN VULKANISCHES EXPERIMENT DURCHGEFÜHRT WURDE. KRETA VERMAG DEN GEIST ZUM SCHWEIGEN ZU BRINGEN, DEN AUFRUHR DER GEDANKEN ZU STILLEN.«

Henry Miller in „Der Koloss von Maroussi"

Nur noch wenige Mönche gehören dem Kloster Toploú an, das auf einer rauen Hochfläche im extremen Nordosten Kretas liegt. Meist halten sich nur zwei von ihnen in den wehrhaft wirkenden alten Mauern auf, die mit finanzieller Hilfe der Europäischen Union aufwendig restauriert wurden. Aber das Kloster ist reich. Es besitzt 20 000 Ölbäume und 20 Hektar Weingärten, betreibt eine moderne Kellerei, deren Edelstahltanks fast 200 000 Liter fassen, und hat seinen Namen vielen in der Region erzeugten Bio-Produkten, Wein und einem Olivenöl verliehen. Toploú verwaltet also einen riesigen Landbesitz, zu dem auch der Palmenstrand von Vái gehört.

Jetzt versilbert das Kloster einige Ländereien. Die britische Investmentgruppe Minoan hat die Genehmigung, zwischen Ítanos und Palékastro auf 108 000 Quadratmeter Fläche an fünf Standorten Luxushotels und -resorts mit insgesamt 1936 Betten, einem 18-Loch-Golfplatz und einem Wellnesscenter zu bauen. Den Klagen von Umweltschützern und den Einwänden der Archäologen setzen die gemeinnützige kirchliche Stiftung Panagias Akrotiriani und Minoan das Arbeitsplatz-Argument entgegen, sprechen von 2000 neuen Jobs und einem wirtschaftlichen Aufschwung der Region.

Derzeit verhandeln die Briten mit der Stiftung über die Erteilung einer Epifánia, einer 99-jährigen Erbpacht für das Projekt. In der Zwischenzeit macht Minoan auf der Grundlage seines bestehenden Vertrags weiter. Das Unternehmen bereitet eine Umweltstudie vor, die vor dem Bau erforderlich ist.

BESCHAULICHES SITÍA

Ostkreta lebte noch bis weit in die Nachkriegszeit von der übrigen Insel recht isoliert. Erst 1961 setzte der griechische Archäologe Nikólaos Plátonas in Káto Zákros seinen Spaten an, legte eine große minoische Palaststadt frei, die etwa 8000 Quadratmeter umfasste und rund 150 Räume enthielt. Er bewies so, dass dieser entlegene Inselteil vor 3500 Jahren wirtschaftlich äußerst bedeutsam war.

Die erste Asphaltstraße von Sitía nach Ágios Nikólaos und damit der Anschluss ans übrige Kreta entstand in den 1960er-Jahren – bis dahin waren für die meisten Personen- und Warentransporte Frachtsegler und altertümliche Dampfer zuständig. Einen kleinen Regionalflugplatz gibt es zwar bereits seit 1984, und seine Landebahn ist nach vielen Baustopps inzwischen zwar 2100 Meter lang, doch noch immer setzt dort kaum ein Jet aus dem Ausland auf.

An Kretas äußerster Südostecke ist der wundervolle und doch sehr beschauliche Sandstrand von Xerókambos zu finden.

Der Legende nach rasteten einst in Vái Araber und warfen ihre Dattelkerne in den Sand. In Wirklichkeit handelt es sich bei den Palmen von Vái um eine endemische, also nur hier vorkommende Art.

So mancher Küstenfels bietet sich mutigen Wasserratten als Sprungbrett an.

So hat sich Sitía seinen ländlichen Charme bewahrt. Vormittags reichen die Parkplätze kaum aus, um alle Pick-ups der in den Ort drängenden Bauern aufzunehmen, nachmittags aber herrscht fast Totenstille. Wenn es kühler wird, füllen sich die vielen Cafés und Ouzerien am Ufer der Bucht, wird Távli gespielt und Fußball geschaut. Nicht weil man hier besonders sportbegeistert ist, sondern weil man gewettet und auf den Sieg einer Mannschaft irgendwo zwischen Sibirien und Südamerika gesetzt hat.

NÄHER AM URSPRUNG

Beim Flanieren entlang der Cafés am Wasser dürfen wie überall in Griechenland auch die Priester in ihren wallenden Gewändern nicht fehlen. Oft werden sie von ihrer Familie, von Frau und Kindern begleitet. Sie drückt kein Zölibat, nur Mönche und Bischöfe müssen in der Ostkirche unverheiratet bleiben.

Seit nunmehr fast 1000 Jahren währt die Kirchentrennung. Offizieller Anlass war die theologische Frage, ob der Heilige Geist nur von Gott Vater oder auch von Gott Sohn ausgehe. In Wahrheit aber ging es um einen Machtkampf zwischen orthodoxem Patriarchen und römischem Papst, zwischen byzantinischem und katholischem Kaiser.

Bis heute betrachten die meisten orthodoxen Christen Angehörige anderer

Im 15. Jahrhundert mit Blick auf das Libysche Meer errichtet:
Moní Kapsá, ein Johannes dem Täufer gewidmetes Kloster.

In Vái wachsen nicht nur Palmen,
sondern auch Bananen.

Zwischen den antiken Mauern von Káto Zákros leben Schildkröten.

Schafe und Ziegen sind genügsam genug, um selbst auf den sonnenverbrannten Höhen Kretas noch Futter zu finden.

»ALLES, WAS DEN GRIECHEN AUSMACHT, POTENZIERT DER KRETER ZUM EXTREM, DAS INDIVIDUELLE FREIHEITSVERLANGEN, DIE EHRSUCHT OHNE GRENZEN, DEN KÄMPFERISCHEN MUT, GENEROSITÄT UND GASTFREUNDSCHAFT …«

Johannes Gaitanides in „Das Inselmeer der Griechen"

Konfessionen kritisch und sich selbst als Wahrer des rechten Glaubens, weil sie an den Glaubensgrundsätzen der frühen Christen festhalten, in ihrer Kirche seit über 1200 Jahren keine neuen Dogmen verkündet wurden. Sie fühlen sich den Gläubigen jener Zeiten noch ganz nah, als die Menschen sich in Basiliken wie der von Ítanos zum Gottesdienst versammelten, von denen überall auf Kreta noch so viele Grundmauern zu sehen sind.

Wie die frühen Christen erkennen sie die Oberhoheit des Papstes nicht an, müssen weder ans Fegefeuer noch an die fortwährende Jungfräulichkeit und leibliche Himmelfahrt Mariens glauben. Orthodoxe Christen dürfen sich zweimal scheiden und dreimal kirchlich trauen lassen. In Fragen der Empfängnisverhütung mischt sich die Kirche nicht ein, denn auch die Bibel und die Kirchenväter verloren darüber ja kein Wort.

LÄNDLICHE ERLEBNISSE

Nicht nur in Glaubensfragen zeigen sich viele Kreter traditionell verwurzelt – auch politisch sind sie über Jahrzehnte hinweg mehrheitlich der sozialdemokratischen PASOK (heute PASOK-KINAL) verbunden gewesen, wenngleich sich die politische Landschaft in den letzten Jahren gewandelt hat.

Trotz moderner Einflüsse und punktuellem Massentourismus sind traditionelle Werte und Umgangsformen noch tief verwurzelt, kommen außerhalb der Städte und großen Badeorte immer wieder ans Licht – auch wenn sich das bei der jungen Generation langsam ändert.

Da ist der Kaffeehauswirt, der einen müde eingetretenen Gast erst einmal am Tisch schlafen lässt, bis der von sich aus eine Bestellung aufgibt. Oder der Tavernenwirt, der Gäste zu Wassermelone und Rakí einlädt und auch noch ein kleines Ständchen auf seiner Lyra gibt. Wo keiner der einheimischen Gäste je einen Kaffee mit Milch bestellen wird, geht die Wirtin noch hinters Haus, um ihre Ziege zu melken.

KRETISCHE GASTFREUNDSCHAFT

Wer eine Kirche unmittelbar nach dem Gottesdienst besichtigt, erhält meist unaufgefordert ein Stück gesegneten Brotes – und wer zufällig in eine Dorfhochzeit gerät, wird noch häufig aufgefordert, mitzufeiern. Die viel beschworene kretische Gastfreundschaft ist nicht tot. Zumindest dann nicht, wenn der Fremde sich trotz hohen Reisepreises als Gast versteht, nicht als Kunde. Noch immer gilt: Wer sich respektvoll verhält, dem öffnen sich Türen – und Herzen – oft ganz von selbst.

Die herrlichsten Schluchten

ÜBER STOCK UND STEIN

Kreta ist ein Paradies für Schluchtenwanderer. Über 100 Canyons jeden Schwierigkeitsgrads stehen zur Auswahl. Manche sind für Familien geeignet, andere nur für sportliche Aktivurlauber. Und meistens sind Eigeninitiative und gute Planung erforderlich (weitere Vorschläge, u. a. zur berühmten Samariá-Schlucht, siehe S. 49 und 115).

1 Mühlenschlucht (bei Réthimno)

Die Rundwanderung beginnt am Parkplatz von Xiró Chorió, 4 km südöstlich von Réthimno. Hier links halten und bei der nächsten Straße recht abbiegen. Nach knapp 1½ Stunden ist Chromonástiri mit der netten Taverne Athivóles erreicht. Am Dorfende liegt der Einstieg in die Mühlenschlucht (Mýli-Schlucht), durch die ein gut ausgebauter Wanderweg führt. Einige alte Wassermühlen dort sind restauriert worden; ein Café sorgt fürs leibliche Wohl. Am Ende der Schlucht führen Wegweiser nach Xiró Chorió zurück. Die Einkehr in die wunderbare Cantina Banana ist zu empfehlen: Hier lässt es sich köstlich essen.

Leichte Familientour, 9 km, Gehzeit 3–4 Std.

2 Préveli Canyon (zentrale Südküste)

Von der Taverne Géfyra an der alten Steinbrücke bei der Ruine des Klosters Káto Préveli geht man auf dem Feldweg südwärts. In der Folge zweigt man nicht bei der ersten Möglichkeit nach rechts auf den breiten Wanderweg ab, sondern kurz darauf auf einen schmalen Pfad, der anfangs parallel zur Schotterpiste verläuft. Ihm und den (nicht überall gut zu erkennenden) roten Punkten folgt man, hat unterwegs zweimal einen schönen Blick in den Palmen-Canyon hinein und gelangt dann zum Strand mit kleiner Taverne. Nach einem erfrischenden Bad im Libyschen Meer geht es auf dem gleichen Weg zurück.

Leichte Familientour, 8,5 km, Gehzeit 2½ Std.

3 Ímbros-Schlucht (Südküste West-Kretas)

Der Eingang zur überwiegend bewaldeten, grundsätzlich ganzjährig begehbaren Schlucht liegt gut markiert am südlichen Ortsende des Dorfes Ímbros auf ca. 800 m Höhe, der Ausgang beim Dorf Komitádes in ca. 200 m Höhe. Die Eintrittsgebühr wird am Eingang der Schlucht erhoben. An der engsten Stelle rücken die Felswände bis auf 160 cm zusammen – verlaufen kann man sich nicht. Die Imbros-Schlucht ist eine beliebte Alternative zur Samaría-Schlucht (S. 49).

Mittelschwere Familientour, 8 km, Gehzeit 2½–3 Std. (Eintritt 2,50 €), für Rücktransfer nach Ímbros Tavernenwirte in Komitádes fragen.

4 Agía-Iríni-Schlucht (Südküste West-Kretas)

Am Südrand des Dorfes Agía Iríni auf etwa 600 m Höhe ist der Einstieg in die Schlucht bestens markiert. Der überwiegend schattige und ganzjährig begehbare Wanderpfad endet an der ausgezeichneten Óasis Taverne. Der Rückweg nach Soúgia an der Südküste (über eine ca. 4 km lange, völlig schattenlose Asphaltstraße) erfolgt entweder zu Fuß, mit dem Taxi oder ggf. dem Bus.

Mittelschwere Familientour, 7,5 km, Gehzeit ca. 3½–4 Std., Taxi in Soúgia: Tel. 2821 09 53 17, 69 40 85 98 60, Linienbusse Sougia–Agia Irini (nicht tgl.): www.e-ktel.com/de

5 Kallikrátis-Schlucht (Südküste West-Kretas)

Die Wanderung beginnt im Dorf Kallikrátis auf 750 m Höhe und führt nach Kapsodásos am Rande der Küstenebene von Frangokástello auf 100 m Höhe. Sie ist Teil des Fernwanderwegs E 4. Man geht zunächst ca. 2 km auf der Asphaltstraße und folgt dann der Beschilderung nach rechts in die Schlucht hinein, wo der Pfad teils zementiert, teils aber auch über Geröll führt. Er kreuzt mehrmals das Bachbett, anderen Wanderern begegnet man fast nie. Wasser unbedingt mitnehmen!

Mittelschwere, nicht für Kinder geeignete Tour, 6,5 km, Gehzeit 2½–3 Std., Transferhilfe durch das Café in Kallikrátis (Janína und Bábis): Tel. 694 909 20 73, www.wildherbsofcrete.com

6 Arádena-Schlucht (Südküste West-Kretas)

Die Wanderung vom 600 m hoch gelegenen Weiler Arádena zum straßenlosen Loutró an der Südküste ist nur für erfahrene Wanderer geeignet, da sie stellenweise mit etwas Kraxelei verbunden ist. Der Einstieg in die Schlucht ist an der Straßenbrücke am Dorfeingang gut markiert. Nach Aradena kommt man nur mit dem Taxi ab Chóra Sfakío, von Loutró nach Chóra Sfakío zurück mehrmals täglich mit dem Linienschiff.

Schwere, nicht für Kinder geeignete Tour, ca. 7 km, Gehzeit ca. 3½–4½ Std., Taxi: Tel. 697 287 59 61, Bootsfahrpläne für Rückfahrt: www.anendyk.com

Maßstab 1 : 265 000
0
5 km
Kritikó Pélagos
Livikó Pélagos
Kólpos Mirambéllou
Nisí Psíra
204 m
Órmos Altsí
Móchlos
Μόχλος
Akr. Móchlos
Nisí Ágios Nikólaos
98 m
388 m
Thólos
Plátanos
311 m
Tourlotí
Τουρλωτή
Sfáka
Σφάκα
Mirsíni
Lástros
Kapsás
1002 m
Kavoúsi
Καβούσι
Órnó Óros
Askordliá
1237 m
Mélisses
Bémbonas
Chrisopigí
Papoúra
1011 m
Pachiá Ámmos
Παχεία Άμμος
Órmos Pachiá Ámmou
Nisí Konída
Thriptí
Farángi Chá
Vasilikí
Monastiráki
Papadianá
Áfendis Stavroménos
1476 m
Óri Thriptís
Lápithos
Drino
825 m
Ágios Ioánnis
Άγιος Ιωάννης
Katalímata
803 m
426 m
Schinokápsala
Farángi Dasakí
Kalivítis
Mávros Kólimbos
Koutsourás
Galíni
Achliá
Agía Fothiá
Koutsounári
Férma
Nisí Fothiá
Órmos Pezáki
Akr. Katérgo
Koutsourás Beach
Kalamokaniós Beach
Makrigialós Beach
Órmos Makrigialoú
Makrigialós
Μακρυγιαλός
Pilalímata
Análipsi
Akr. Kaló Neró
Órmos Kalá Nerá
Akr. Pláka
NOMOS LASSITHI
Stavrochóri
Σταυροχώρι
Péfki
Aorí
Spíleo Vríko
Ágios Stéfanos
Άγιος Στέφανος
Lithínes
Λιθίνες
Azáli
Pezoúlas
488 m
Kató Perivolákia
Éxo Mouliana
Έξω Μουλιανά
620 m
Mésa Mouliana
Ríza
Skordílo
Óros Koprokefála
1170 m
1131 m
Dáfni
937 m
E4
E 75
90
Kalavrós
Akr. Kastéllos
Tiganiá Beach
Órmos Ágios Ioánnou
Akr. Xéra
Papadiókambos
Liopétra
428 m
Moní Faneroménis
Akr. Faneroménis
Órmos Faneroménis
(Richti-Schlucht)
Farángi Richti
Chamézi
Skopí
Σκοπή
Piskokéfalo
Πισκοκέφαλο
Kimouriótis
Paraspóri
Achládia
Maronía
Zoú
Sfakiá
Epáno Kriá
Káto Kriá
Ágios Geórgios
Epáno Episkopí
Sandáli
Ágios Spirídonas
Praisós
Néa Presós
Sikéa
Skláví
Papagiannádes
Vorí
Etiá
Chandrás
Vóila
Arméni
Epáno Perivolákia
Mésa Apídi
Agía Triáda
Moní Kapsá
Tráchilas
Kaló Neró
Goúdouras
Γούδουρας
Órmos Goudoúras
283 m
Akr. Goudoúra
Dasonári
Prasonísi
Órmos Atherinólakos
Stenoú Koufonísi
Nisí Strongiló
Nisí Makrouló
Koufonísi
73 m
Akr. Graigós
Akr. Tráchilos
Nisí Tráchilos
SITÍA
ΣΗΤΕΊΑ
Akr. Vamvkiá
Sitía Beach
Akr. Tripití
Petrás
Agía Fotiá
Káto Episkopí
Roússa Ekklisiá
Stavroménos
Krionéri
Priniás
Káto Dris
803 m
Mitáto
Katsidóni
Karídi
Vrisídi
Xirolímni
Kellária
Adravásti
Sítanos
Skaliá
Klisídi
Zákros
Ζάκρος
Vígla Zakroú
711 m
793 m
Lamnóni
Agía Paraskévi
Zíros
Ζήρος
Plágia
819 m
Chametoulo
786 m
Xerókambos
Ξερόκαμπος
Kaló Chorió
567 m
Sárgou Kefála
539 m
Amátou
Agía Iríni
Nisí Kímo
Akr. Alíki
Nisí Kaválli
Akr. Tráchilas
Ámbelos Beach
Xerókambos Beach
Gerontolákkos Beach
Amátou Beach
Agriliá
Káto Zákros
Κάτω Ζάκρος
Akr. Zákros
Káto Zákros Beach
Zákros
Órmos Zákrou
Dead's Gorge (Farángi Zákrou)
Chochlakiés
Azokeramos
Tragóstalos
515 m
Tragóstalos
Akr. Adiavátos
Akr. Mavromoúri
Karoúmbes Beach
Órmos Karoúmbes
Skiniás Beach
Simódi
422 m
Langáda
Pétsofas
215 m
Pétsofas
Akr. Psíla Fridía
Rousólakkos
73 m
Akr. Pláka
Chióna Beach
90 m
Kástri
Chióna
Angathiá
Palékastro
Παλαίκαστρο
Lídia
Módi
539 m
Moní Toplioú
Ammolákos
Dionisos Village
Metochí
Akr. Mavromoúri
Órmos Sitías
Órmos Antikári
Kalamáki
Vái
Βάι
Vái Beach
Chochlákias Beach
Maridátis Beach
Kouremenos Beach
Akr. Tentá
Órmos Kouremenou
Nisí Grándes
144 m
Órmos Grándes
Erimoúpolis
Ítanos
Ítanos Beach
Órmos Erimoúpolis
Akr. Megatzédes
195 m
Akr. Mávro
Órmos Téndas
Órmos Kiriamadi
99 m
209 m
Akr. Síderos
Nisí Daskaleía
Akr. Vorriás
72 m
Nisí Elása
200 m
500 m
1000 m
2000 m
Nisídes Dionisiádes
Akr. Spítha
Nisí Paximáda
Akr. Ponéntes
Akr. Levántes
Nisí Dragonáda
Órmos Kolonés
128 m
Órmos Dragonáda
147 m
Akr. Ródo
Nisí Gianisáda
1
2
3
4
5

FERNER OSTEN UNVERFÄLSCHT

Kretas Osten ist flughafenfern und deshalb noch nicht vom Massentourismus erfasst. Vor allem die Ostküste wirkt mit ihren roten Felsen, rauen Canyons und guten Stränden schon fast afrikanisch. Minoische Landsitze und der Palast von Zákros zeugen von früher Besiedlung, kleine Ferienorte bieten Urlaub in unverfälscht kretischem Ambiente.

1 Mochlós

Der Küstenweiler (107 Einw.) unterhalb weithin sichtbarer Gipssteinbrüche bringt kretisches Südküstenflair an die Ägäis, ist ganz einsam und trotzdem bequem zu erreichen. Der winzige Hafen mit seinen Tavernen ist die Hauptattraktion, die kurzen Strände erfordern Badeschuhe, sind dafür aber fast menschenleer.

SEHENSWERT

Auf dem Inselchen **Ágios Nikólaos** 200 m vor dem Hafen von Mochlós legen Archäologen eine minoische Siedlung mit Nekropole frei (freier Zutritt, Taxiboote tgl. ab 13.00 Uhr).

HOTELS UND RESTAURANTS

500 m vom Hafen entfernt bieten die vier geräumigen **€ € Apartments Limenária** je eine Terrasse und Meerblick in ländlicher Umgebung; im November können Gäste bei der Olivenernte mithelfen (www.kreta-ferienwohnung.com/de). Ebenfalls vier große Apartments mit Balkon oder Terrasse offeriert **€ € Mochlos Mare** (www.mochlos-mare.com).
In der Taverne **€ € To Kavoúri** werden Fisch und kretische Hausmannskost serviert. Eleganter gibt sich das **€ € To Bogázi,** wo man in der Hauptsaison zweimal wöchentlich abends kretische Musik live erleben kann.

Bougainvilleen-Idyll und raues Südküsten-Flair in bzw. bei Mochlós, wehrhafte Kreuzfahrer-Festung in Sitiá

Tipp

Surf 'n' Bike

Hannes Unterweger aus Österreich und Davina Payne aus Großbritannien betreiben am Koureménos Beach die östlichste Surfstation Kretas. Der für die Ägäis typische Meltémi-Wind trifft hier besonders kräftig auf die Küste, wird durch lokale Bedingungen oft sogar noch um ein bis zwei Beaufort verstärkt. Sandiges Flachwasser gewährt Anfängern einen perfekten Einstieg, die Windwelle weiter draußen sorgt auch bei Profis für großen Spaß. Außerdem verleiht das Team Mountainbikes und bietet geführte Touren in Ostkreta an.

Freak Travel, Palékastro
Tel. 697 9 25 38 61
www.freak-surf.com
www.freak-mountainbike.com

2 Sitía

Das beschauliche Städtchen (10 100 Einw.), 1650 aufgegeben und 1870 wieder neu gegründet, liegt am inneren Ende einer tiefen Bucht und am Hang eines niedrigen Hügels. Die Läden an den beiden autofreien Haupteinkaufsstraßen sind auf die Bedürfnisse der Landbevölkerung ausgerichtet, in den Cafés und Tavernen am Ufer sitzen mehr Kreter als Fremde.

SEHENSWERT

Einzige historische Sehenswürdigkeit ist die im 17. Jh. zerstörte byzantinische **Festung Kazárma** oberhalb des Hafens (Ruine unregelmäßig geöffnet). Weitaus bedeutender als das kleine, aber informative **Volkskundliche Museum** (Odós Kapetán Sífi 26; Mo.–Sa. 10.00–13.00 Uhr) ist das **Archäologische Museum** am Kreisverkehr (Mi.–Mo. 8.00–15.00 Uhr). Es birgt überwiegend neuere Funde aus Ostkreta, u. a. eine 49 cm hohe minoische Jünglingsstatuette aus Nilpferd-Elfenbein.

HOTELS UND RESTAURANTS

Hochwertig sind die 19 großen Studios nahe Strand und Zentrum im **€ € € Sitia Bay** (Odós 3is Septemvríou 8, Tel. 2843 02 48 00, www.sitiabay.com). Das moderne Stadthotel **€ € Flísvos** liegt an der Uferstraße (Odós Karamanlí 4, Tel. 2843 02 71 35, www.flisvoshotelsitia.gr).
In der traditionsreichen Ufertaverne **€ € / € € € Zorbas** im Stadtzentrum ist die Speisekarte riesig, drehen sich am Grill fast immer Spieße mit Lamm, Spanferkel und Hühnchen. Auch guter Fisch. Auf dem Weg zum Palmenstrand von Vaí sollte man im 8 km entfernten **€ € / € € € Dionýsos** in Agía Fotiá einkehren. Ausgezeichnete kretische und italienische Spezialitäten.

UMGEBUNG
Mit grandioser Aussicht stehen auf einem Hügel bei **Chamézi** (12 km westl.) frei zugänglich die Mauern eines ovalen minoischen Landhauses. Im Dorf **Petrás** (1,5 km östl.) verstecken sich die Überreste einer Wehrmauer aus der Vorpalastzeit und eines minoischen Palastes. Die Straße zur Südküste durchschneidet 2 km südlich ein spätminoisches Landhaus. Eine ausgeschilderte Straße führt von hier aus zum gut erhaltenen spätminoischen Tholosgrab von **Patiskinós.** Ein weiteres minoisches Landhaus wurde beim Dorf **Zou** (9 km südl.) freigelegt.

INFORMATION
Städtische Tourist-Information
Odós Karamanlí (Uferstraße)
Tel. 2843 34 05 01, www.sitia.gr

3 Palékastro

Das auf Individualurlauber eingestellte Bauerndorf (1000 Einw.) am Rand eines fruchtbaren Küstentals vereint urige Ländlichkeit mit guten, leicht zu erreichenden Sandstränden.

SEHENSWERT
Unmittelbar hinter dem Hauptstrand **Chióna Beach** haben Archäologen in der Gemarkung Roussólakos die Überreste der größten minoischen Stadt Kretas freigelegt. Sie war von der Mitte des 3. Jt. v. Chr. bis etwa 1200 v. Chr. besiedelt. Zu sehen sind vor allem gepflasterte Straßen, gemauerte Zisternen und die Grundmauern ineinander verschachtelter Gebäude.

HOTELS UND RESTAURANTS
Ein üppiger Garten, Pool und Tennisplatz machen das Hotel **€ € Marina Village** zwischen Dorf und Strand zur besten Adresse (Tel. 2843 06 12 84, www.marinavillage. gr). Preisgünstig ist die Pension **€ House Margot** mit hübschen Zimmern an der Straße nach Sitía (Tel. 69 37 48 45 57, www.palekastro.gr).
Das Restaurant **€ Hellas** direkt an der Platía ist abends Treff von Einheimischen und Urlaubern. Die schlichte Taverne **€ € Kakaviá** zw. Dorf und Strand wird für ihre Fischsuppe gelobt. Auf der vom Meer umspülten Terrasse am nördl. Chióna Beach sitzen die Gäste der guten Fischtaverne **€ € € Chióna** (hiona.gr).

UMGEBUNG
Der Palmenstrand von **Vái** (9 km nördl.) ist zwar ein landschaftliches Juwel, aber von Touristen völlig überlaufen. Weitaus einsamer sind die nahezu baumlosen Strände von **Ítanos** (4 km weiter nördl.), hinter denen aus den Dünen die Reste der antiken Hafenstadt Ítanos mit Fragmenten der Stadtmauer und einer frühchristlichen Basilika aufragen. Ítanos war vom 9. Jh. v. Chr. bis ins 9. Jh. n. Chr. bewohnt. An der Straße von Vái nach Sitía steht in steinwüstenähnlicher Landschaft das aus dem 17. Jh. stammende, wehrhaft wirkende Kloster **Moní Toplioú** mit Museum und der einzigartigen Ikone „Groß bist du, Herr!" in der Klosterkirche (tgl. 9.00–17.00, im Winter 13.00 bis 14.00 Uhr Mittagspause).

INFORMATION
Gute Auskünfte liefert die Internetseite www.palaikastro.com.

4 Zákros

Zákros (650 Einw.) ist das letzte Dorf an der in Kíssamos ganz im Westen beginnenden Nordküstenstraße. Bis vor wenigen Jahren war hier die durch Asphalt erschlossene Inselwelt zu Ende. Unterhalb des heutigen Dorfes wurde die minoische Palaststadt Káto Zákros freigelegt, die vor 3500 Jahren eine bedeutende Rolle im Fernhandel der Minoer mit der Levante spielte. Die Grabungsfunde sind in den archäologischen Museen von Iráklio und Sitía zu sehen.

SEHENSWERT
Die Palaststadt von **Káto Zákros** entstand erst in der Jüngeren Palastzeit um 1600 v. Chr. und wurde nie geplündert oder überbaut. Deutlicher als anderswo sind der palastähnliche Kultbezirk und das Wohn- und Handwerkerviertel voneinander getrennt. Am Ostrand des Areals ist als archäologische Rarität ein Kupferschmelzofen erhalten geblieben. Heute leben im teilweise unter Wasser stehenden Palastareal Hunderte Schildkröten und sonnen sich auf prähistorischen Mauern (Sommer tgl. 8.00–18.00, sonst Mi.–Mo. 8.30–15.00 Uhr).

HOTELS UND RESTAURANTS
Das einfache **€ Hotel Zákros** (an der Platía, Tel. 698 179 46 33) über dem gleichnamigen Dorfkaffeehaus verfügt über gute und günstige Zimmer. Wanderern bieten die Inhaber einen Transfer von und nach Káto Zákros. Zur exzellenten Taverne **€ € / € € € Platanákis** an der Uferstraße von Káto Zákros gehört der größte Gemüsegarten des Dorfes, aus dem vieles knackfrisch auf die Tische der Gäste kommt.

UMGEBUNG
Eine 10 km lange Asphaltstraße verbindet Zákros mit der weltabgeschiedenen Streusiedlung **Xerókambos**, die – wie ihr Name sagt – in einer sehr trockenen Küstenebene liegt. Ihren Reiz machen feinsandige Buchten an der Ostküste und der 500 m lange Sandstrand Ámbelos Beach an der Südküste aus. Auf einem niedrigen Plateau erinnern Grundmauern noch an eine Besiedlung in hellenistischer Zeit. Gut wohnen kann man hier in den 14 modernen, von der Wirtin liebevoll geführten Studios von **€ / € € Asteras Apartments** (Tel. 2843 02 67 87, www.asterasapartments.gr).

5 Makrigialós

Der Grobsandstrand des schmalen, lang gezogenen Ortes wird im westlichen Teil durch eine strandlose, kurze Halbinsel unterbrochen, auf der der Ortskern samt Dorfkirche liegt. Das touristische Zentrum ist ein kleines Tavernenviertel am Hafen. Familien und Individualreisende schätzen das entspannte Flair hier.

Minoische Überreste in Káto Zákros (oben), venezianische Relikte im Dorf Vóila (unten).

Tipp

Wandlungsfähige Wirtin

Stella Ailamaki (Foto unten mit dem Autor Klaus Bötig) ist grüne Stadträtin, gibt Koch- und Tanzunterricht, markiert Pfade im Geopark – und besitzt in Káto Zákros zwei außergewöhnliche Unterkünfte für Hobby-Eremiten: Das luxuriöse Terra Minoika und die naturnahen Stella's Studios. Ihr Mann Ilias war passionierter Bergsteiger, ist jetzt ein Künstler, dessen Skulpturen die weitläufige Anlage der Terra Minoika zieren. Beide Quartiere sind etwa 400 m vom Strand entfernt, Wandertipps gibt's von Stella und Ilias jede Menge.

€€€ / €€€€ Terra Minoika, €€ Stella's, Káto Zákros, www.terraminoika.com, www.stelapts.com

SEHENSWERT
Vor der Hauptkirche wurden 1977 die Überreste einer **römischen Villa** freigelegt. Von der Hauptstraße beim Hafen zeigt ein Wegweiser zu den 300 m entfernten Überresten der verwahrlosten Ruine einer **minoischen Villa.**

HOTELS UND RESTAURANT
Ein einzigartiges Ensemble stimmungsvoller Häuser und Apartments am Hafen vermietet **€ € / € € € The White Houses** (Tel. 2843 02 91 83, makrigialos.com/?whitehouse). Romantisch in seinem engen Bachtal wirkt die traditionell kretisch eingerichtete Anlage der elf Studios **€ € Áspros Pótamos** (Tel. 2843 05 16 94, www.asprospotamos.gr). Nur 30 m vom Strand entfernt liegen die 8 Studios der Pension **€ € Miramare** – alle mit Meerblick (Tel. 2843 05 10 49, www.miramare-studios.gr).

UMGEBUNG
Südöstlich liegt die unbewohnte **Insel Koufonísi** mit sanft abfallenden Sandstränden einsam im Libyschen Meer. Ein Theater und Gebäudereste aus römischer Zeit, als man hier Purpurschnecken züchtete, schauen aus dem Sand. Tägliche Überfahrten ab 10.30, Rückkehr gegen 17.30 Uhr.
Das schon im 15. Jh. gegründete, in heutiger Form im 19. Jh. erbaute **Kloster Moní Kapsá** (10 km östl.) klebt an einem niedrigen Fels nahe dem Meer; ein kleiner schattiger Kiesstrand liegt unterhalb des Klosters.
Einen Tagesausflug lohnt die auf 500–600 m Höhe gelegene **Chandrás-Hochebene** östlich oberhalb der Straße nach Sitía. Im Weiler **Etiá** (17 km nordöstl.) steht rechts der Straße ein venezianisches Landhaus aus dem 15. Jh. Hauptort der Chandrás-Ebene ist das gleichnamige Dorf **Chandrás** mit Ruinen des venezianischen Dorfes **Voilá** 800 m nordöstlich. Auf den Dorfstraßen von Chandrás liegen von Mitte August bis September große Mengen von Sultaninen zum Trocknen in der Sonne aus.

Tipp

Sitía UNESCO Global Geoparc

Der ferne Osten jenseits der Linie Sitía–Chandrás–Agía Iríni wurde 2015 offiziell von der UNESCO zum – Erdgeschichte erlebbar machenden – Geopark ernannt. Schon im Jahr davor eröffnete ein (winziges) Geopark-Zentrum in Zákros, 15 Wanderwege unterschiedlicher Länge wurden angelegt und markiert (Karte steht als Download zur Verfügung). Eine Infobroschüre gibt es im Internet auf Englisch zum kostenlosen Download.

INFORMATION
Sitía Geopark, Info-Tel. 2843 02 92 22, www.sitia-geopark.gr

WANDERN IM TAL DER TOTEN

Diese recht einfache Wanderung vom Bergdorf Zákros hinunter an den Strand von Káto Zákros macht auch Kindern Freude, weil mehrfach ein Bach überwunden werden muss. Ferner wird sie Naturfreunde begeistern, weil der blühende Oleander hier stellenweise urwaldhaft üppig gedeiht. Für die Strecke benötigt man rund zwei bis drei Stunden.

Die Orientierung fällt leicht: Der Weg ist als Teilstück des Europäischen Fernwanderwegs E 4, der ganz Kreta durchzieht, ab der Platía von Zákros gut ausgeschildert und nicht zu verfehlen. Zunächst geht es durch den unteren Teil des Bergdorfes, dann in das von Platanen gesäumte Bachtal hinab. Ein kleiner Wasserfall wird passiert, insgesamt viermal der Bach auf Trittsteinen gequert. Im unteren Verlauf des Baches machen die Platanen dem Oleander Platz, der hier bis zu 6 m hoch in Baumform wächst.

Am Schluchtausgang gedeiht ein kleiner Keuschlamm-Wald mit blauen Blüten; seine Früchte dienten früher als Pfefferersatz (Mönchspfeffer). Ebenfalls in der unteren Hälfte verwandelt sich das Tal in einen Canyon mit rötlich schimmernden Felswänden, dessen viele natürliche Grotten und Felskammern in minoischer Zeit als Grabstätten genutzt wurden – daher der gruselige Name „Tal der Toten“. Nach der letzten Bachquerung geht der Weg in eine Betonstraße über, die nach zehn Minuten den Eingang zu den minoischen Ausgrabungen von Káto Zákros passiert und nach weiteren zehn Minuten den Strand mit seinen Tavernen und der Linienbusendhaltestelle erreicht.

Steile Felswände, überwiegend aus Karbonatgesteinen, begrenzen die Schlucht.

Eine Linienbusverbindung von Káto Zákros nach Zákros (und weiter nach Sitía) besteht nur im Sommer (www.cretetravel.com/en). Wenn kein Bus verkehrt, muss man sich den Transfer zurück nach Zákros durch das Hotel Zákros im Bergdorf organisieren lassen!

HILFREICH & NÜTZLICH

Keine Reise ohne Planung. Auf den folgenden Seiten haben wir für Sie Wissenswertes und wichtige Informationen für Ihren Kreta-Urlaub zusammengestellt.

Reste einer frühchristlichen Basilika in Liménas Chersónisou.

Anreise

Mit dem Flugzeug: Internationale Flughäfen auf Kreta sind Iráklio und Chaniá. Sie werden im Sommerhalbjahr von vielen Flughäfen deutschsprachiger Länder angeflogen. Ganzjährig bestehen gute Umsteigeverbindungen via Athen. Vom Flughafen Iráklio fährt mehrmals stündlich ein Linienbus ins Zentrum, vom Flughafen Chaniá mehrmals täglich.
Mit der Fähre: Fährverbindungen bestehen täglich zwischen Piräus und Iráklio bzw. Soúda bei Chaniá; Réthimno wird ebenfalls angefahren, aber nicht täglich. Die Schiffe fahren meist über Nacht (www.minoan.gr, anekitalia.com/de, www.bluestarferries.com). Mindestens einmal wöchentlich gibt es zudem langsame Verbindungen nach Piräus mit Zwischenstopps ab Kíssamos und Sitía.

Auskunft

Griechische Zentrale für Fremdenverkehr in Deutschland: Holzgraben 31, 60313 Frankfurt/Main, Tel. 069 25 78 27-0
in Österreich: Opernring 8, A-1010 Wien, Tel. 01 515 91 89
auf Kreta: Die Griechische Zentrale für Fremdenverkehr (EOT) hat Büros in Iráklio, Réthimno und Chaniá. Etwas effektivere städtische Touristeninformationen gibt es in Réthimno und Chaniá sowie in Ágios Nikólaos.
Im Internet: www.visitgreece.gr

Autofahren

Straßenzustand: Zwischen Kíssamos im Westen und Ágios Nikólaos im Osten ist die Straße entlang der Nordküste sehr gut ausgebaut. Ab Ágios Nikólaos bis Sitía ist die Straße zwar sehr gut, aber kurvenreich. Endlose Kurven sind ein Merkmal nahezu aller anderen Inselstraßen.
Verkehrsregeln und Fahrverhalten: Vorfahrtsstraßen sind nur selten gekennzeichnet; Fremde erkennen sie nur an den „Vorfahrt achten!"-Schildern in den Seitenstraßen. Die Standstreifen der Schnellstraßen werden genutzt, um Überholenden Platz zu machen.
Limits und Bußgelder: Höchstgeschwindigkeit ist innerorts 50 km/h, auf Landstraßen 90 km/h und auf Schnellstraßen 100 km/h. Die Alkoholgrenze liegt bei 0,5 ‰ für Auto- bzw. bei 0,2 ‰ für Motorradfahrer, Berufsfahrer und Fahranfänger (Fahrpraxis weniger als 2 Jahre). Drastische Bußgelder!
Mietfahrzeuge: Autos, Motorräder und -roller werden in Städten und Urlaubsorten sowie an Flughäfen angeboten. Eine gute Preisrecherche ermöglichen Portale wie www.mietwagen-check.de oder www.billiger-mietwagen.de. Angebote internationaler Anbieter enthalten oft Zusatzleistungen wie Vollkasko ohne Selbstbeteiligung und Gebühr für einen zweiten Fahrer. Bei kretischen Autovermietungen deckt die Versicherung häufig Schäden an den Reifen und der Unterseite der Fahrzeuge nicht ab. Diese übergeben das Mietfahrzeug mit fast leerem Tank und leisten bei der Rückgabe für Treibstoff im Tank keinen Ausgleich.
Pannendienste: Der Pannendienst des offiziellen Automobilclubs ELPA ist inselweit unter Tel. 104 zu erreichen. Die Nr. 174 ist ein spezieller Telefondienst für Touristen, der tgl. 7.30 bis 22.00 Uhr erreichbar ist.

Busverkehr

Streckennetz und Preise: Klimatisierte Linienbusse verbinden alle Städte entlang der Nordküste miteinander. Nahezu alle Dörfer sind von der nächsten größeren Stadt aus erreichbar. In den Städten sowie an den Flughäfen kauft man die Tickets am Busbahnhof vor dem Einsteigen, ansonsten beim Fahrer oder Schaffner. Auch im Internet können Fahrkarten vorab gekauft werden. Ein Ticket für die Strecke Iráklio–Chaniá kostet beispielsweise 14–16 €.
Fahrpläne: Gedruckte Fahrpläne sind meist nur an den Busbahnhöfen der großen Städte erhältlich. Fahrpläne und Preise für alle Routen gibt's im Internet: www.e-ktel.com/de.

Eintrittspreise

Der Eintritt zu **Kirchen und Klöstern** ist meist frei. Für **Museen und archäologische Stätten** kosten die Tickets normalerweise 4–6 €, bei großen Objekten wie Knossós bis zu 20 €. An bestimmten Tagen im Jahr ist der Eintritt zu staatlichen Museen und archäologischen Stätten für alle Besucher frei. **Schüler und Studenten** aus EU-Ländern haben zu allen archäologischen Stätten und in allen staatlichen Museen freien Eintritt; Seniorenermäßigung für Besucher über 65 Jahre wird nur noch von Oktober bis Mai gewährt. Menschen mit einem anerkannten Behindertenausweis (ab 50 % Behinderungsgrad) erhalten ganzjährig freien Eintritt.

Essen und Trinken

Vielfältig sind die Vorspeisen, die – als Mezedákia – auch ein vollständiges Mahl abgeben. Groß ist die Auswahl an überbackenen Gerichten und gefüllten Gemüsen, variantenarm sind dagegen die Saucen. Fleisch und Fisch werden gern über Holzkohle gegrillt. Sehr beliebt bei Kretern sind auch Muscheln, Schnecken und Krustentiere sowie Innereien.
Offene Weine werden in allen Tavernen und Restaurants serviert. Bier vom Fass ist vor allem im Sommerhalbjahr fast überall erhältlich. Als Tischgetränke zur Mahlzeit zählen auf Kreta auch der Anisschnaps Oúzo und der kretische Tresterschnaps Rakí (s. S. 43). Tafel- oder Quellwasser gehört zu jedem Essen.

Feiertage und Feste

Die **beweglichen Feiertage** werden in Griechenland nach dem julianischen Kalender festgelegt. Ostern wird daher bis zu fünf Wochen später als in Mitteleuropa gefeiert.
Gesetzliche Feiertage sind: Neujahr (1. Jan.), Taufe Christi, Epiphanias (6. Jan.), Rosenmontag 23. Feb. 2026, 15. März 2027), Nationalfeiertag (25. März), Mariä Verkündigung, Karfreitag (10. April 2026, 30. April 2027), Ostern (12./13. April 2026, 2./3. Mai 2027), Tag der Arbeit (1. Mai), Pfingsten (31. Mai/1. Juni 2026, 20./21. Juni 2027), Mariä Entschlafung (15. Aug.), Nationalfeiertag (28. Okt.), Weihnachten (25./26. Dez.).

Wichtigstes Fest im Jahreslauf ist **Ostern**. Lokale Feste sind die **Kirchweihfeste**, die fast jedes Dorf begeht. Im Hochsommer organisieren viele Gemeindeverwaltungen regionale **Kulturfestivals**. Zielgruppe sind weniger Touristen als abgewanderte Kreter, die im Sommer wieder in ihre alte Heimat zurückkehren.

In diesem Innenhof in Koutouloufári an der Bucht von Mália erstrahlen Fassaden und Türen in den Nationalfarben Griechenlands.

Geld

Griechische Währung ist der Euro (Ewró). Geldautomaten sind zahlreich. Kreditkarten werden häufig akzeptiert. Ab Anfang 2028 sind Maestro-Karten ungültig.

Gesundheit

Die **Notfallbehandlung** ist in staatlichen Krankenhäusern und Erste-Hilfe-Stationen kostenlos. Allerdings kann es in der Praxis vorkommen, dass Patienten aufgefordert werden, bestimmte Leistungen oder Materialien selbst zu bezahlen. Gesetzlich Krankenversicherte können sich theoretisch bei allen griechischen **Kassenärzten** nach Vorlage ihrer Europäischen Krankenversicherungskarte (EHIC) kostenlos behandeln lassen, häufig wird dennoch Barzahlung erwartet.
Apotheken gibt es selbst in vielen kleinen Orten. Sie sind meist gut bestückt.

Internet

Freien WLAN-Zugang haben fast alle Cafés, Hotels und Restaurants.

Kinder

Kinder sind Teil des kretischen Lebens und ganz einfach überall dabei. Spezielle Kinderteller gibt es nur in Touristenlokalen. Einen **Spielplatz** besitzt fast jedes noch so kleine Dorf.
Zu den **kinderfreundlichsten Stränden** Kretas gehören die Lagunen von Bálos, Gramvoúsa und Elafónisi an der Westküste sowie Frangokástello an der Südküste.

Öffnungszeiten

Museen und Ausgrabungsstätten sind meist montags geschlossen. Ihre Kernöffnungszeit ist in der Regel 8.30–15.00 Uhr. Die auf den Infoseiten angegebenen Öffnungszeiten gelten für die Monate Mai bis September.
Supermärkte: in den Urlaubsorten tgl. von ca. 8.00–22.00 Uhr, in den Städten Mo.–Fr. 8.00 bis 22.00, Sa. 8.00–18.00 Uhr. Geschäfte für den Bedarf der Einheimischen: Mo.–Sa. ca. 9.00 bis 13.30, Di., Do. und Fr. auch 17.00–20.30 Uhr.
Banken sind Mo.–Do. 8.00–14.00 und Fr 8.00 bis 13.30 geöffnet, Postämter Mo.–Sa. 8.00 bis 15.00 Uhr.

Reisezeit

Die touristische Saison währt auf Kreta von Mai bis Oktober, baden kann man bis in den Dezem-

Info

Geschichte

3100–2100 v. Chr.: Vorpalastzeit. Auf der bereits seit etwa 6000 v. Chr. bewohnten Insel entstehen erste größere Siedlungen.
2100–1650 v. Chr.: Altpalastzeit. Auf ganz Kreta entstehen stadtähnliche Palastzentren.
1650–1450 v. Chr.: Neupalastzeit. Nach der Zerstörung der alten Paläste durch Naturkatastrophen entstehen die Palaststädte neu.
1450–1000 v. Chr.: Nachpalastzeit. Griechische Mykener vom Festland übernehmen die Macht, die minoische Urbevölkerung zieht sich in die Gebirge zurück.
10.–7. Jh. v. Chr.: Der griechische Stamm der Dorer wandert auf Kreta ein. Langsam bilden sich viele Stadtstaaten heraus.
7.–1. Jh. v. Chr.: In den Epochen der Archaik, der Klassik und des Hellenismus erlebt Griechenland eine Glanzzeit. Kreta liegt eher im Abseits, seine Stadtstaaten bekriegen sich oft.
69 v. Chr.–395 n. Chr.: Römische Zeit. Kreta bildet zusammen mit Libyen eine römische Provinz, Gortyna (Górtis) ist Inselhauptstadt.
395–1204: Oström.-byzantin. Zeit. Das Christentum wird Staatsreligion. Reichshauptstadt ist Konstantinopel (das heutige Istanbul).
1204–1645: Venezianische Herrschaft. Inselhauptstadt ist Chaniá. Kunst und Kultur blühen.
1645–1898: Osmanische Herrschaft. Zahlreiche Aufstände begleiten die Fremdherrschaft.
1898–1913: Kreta wird unter fortbestehender osmanischer Oberhoheit autonom, untersteht dem Schutz Großbritanniens, Frankreichs und Russlands. 1913 Eingliederung in den 1830 gegründeten neugriechischen Staat.
1917: Eintritt Griechenlands in den Ersten Weltkrieg an der Seite der Entente.
1922/1923: Der griechische Versuch, Teile der Türkei zu erobern, scheitert. Griechische Geflüchtete aus Kleinasien werden angesiedelt.
1941–1944: Deutsche Invasion Kretas. Intensive kretische Partisanentätigkeit führt zu grausamen Vergeltungsaktionen.
1944–1949: Bürgerkrieg. Im Land bekämpfen sich Regierungstreue und Kommunisten.
1967–1974: Militärdiktatur in Griechenland, danach Entwicklung einer moderneren Demokratie nach westlichem Vorbild.
2002: Der Euro löst die Drachme ab.
2010–2019: Griechenland kann nur durch „Rettungspakete", massive Hilfen von Europäischer Union und Internationalem Weltwährungsfonds, vor dem Staatsbankrott bewahrt werden. Steuern werden erhöht, Löhne, Renten und Gehälter stark gekürzt, Sozialleistungen gestrichen, das Renteneintrittsalter erhöht.
ab 2018: Griechenland braucht keine Rettungspakete mehr. Eine im Juli 2019 neu gewählte konservative Regierung verspricht Steuersenkungen, Investitionsförderung und Abbau der Bürokratie. Natur- und Umweltschutz stellt sich hintan. Die Balance zwischen diesen beiden Aspekten bleibt eine der zentralen politischen Herausforderungen.
2020/2021: Die Corona-Pandemie prägt ab März 2020 auch das Leben auf Kreta Die Insel ist als eine der Haupttourismusdestinationen stark betroffen.
2023: Im März werden auf Kreta mit 33,7 °C Rekordtemperaturen für diesen Monat gemessen.
2025: Im Sommer eröffnet der erste griechische Unterwasserpark in der Bucht von Omprogialos bei Chaniá.
2027: Bei Heraklion entsteht ein neuer Flughafen, der 2027 in Betrieb gehen soll.
bis 2031: Der „Aftokinitodromos 90" (VOAK), eine geplante Autobahn, soll die Nordküste Kretas von Kíssamos im Westen bis Ágios Nikólaos im Osten verbinden. Aktuell sind 51 km der Strecke vierspurig ausgebaut, weitere 210 km sind als Schnellstraße vorgesehen.

ber. Viele Hotels und Pensionen auf den Hochebenen und in den Bergdörfern haben an Winterwochenenden Hauptsaison, da dort dann viele Griechen Kurzurlaub machen. Die Städte sind mit ihren Museen und Sehenswürdigkeiten Ganzjahresziele. Auch kulturhistorisch orientierte Rundreisen finden das ganze Jahr über statt. Für Pflanzenfreunde sind die Monate März bis Mai attraktiv, wenn vieles blüht. Wer viel wandern will, sollte Juli und August meiden.

Restaurants

Preiskategorien

€€€€	Hauptspeisen	über 25 €
€€€	Hauptspeisen	18–25 €
€€	Hauptspeisen	12–18 €
€	Hauptspeisen	7–12 €

Die meisten griechischen Restaurants und Tavernen öffnen gegen 11.00 Uhr und schließen erst nach Mitternacht. Ruhetage sind selten. In der Wintersaison bleiben viele Lokale in touristischen Küstenorten ganz geschlossen. Reservierungen sind meist nur in gehobenen Restaurants üblich.

Schifffahrten

Linienschiffe verkehren im Küstenverkehr nur im Sommerhalbjahr zwischen Paleochóra und Chóra Sfakío entlang der Südküste mit Stopps in Soúgia, Agía Rouméli und Loutró (www.anendyk.gr). Von Iráklio aus verkehren im Sommerhalbjahr tgl. bis zu drei Hochgeschwindigkeitsfähren nach Santorin (www.seajets.com, www.bluestarferries.com).
Ausflugsdampfer starten von vielen Orten an der Nordküste zu Ausflugsfahrten. An der Südküste gibt es Bootsausflüge von Ierápetra zur Insel Chrisí und von Makrigialós zur Insel Koufonísi (beide Ziele: www.cretandailycruises.com, www.nautiloscruises.com) sowie nach Gávdos ab Chóra Sfakío, Agía Rouméli, Loutró und Paleochóra (www.anendyk.gr).

Souvenirs

Garantiert echt kretische Souvenirs sind kulinarische Spezialitäten, farbiges Glas aus der Glasbläserei in Kókkino Chorió und Keramik aus dem Töpferdorf Margarítes. Das größte Angebot an Lederwaren konzentriert sich auf die Ódos Skridlóf in der Altstadt von Chaniá.

Sport

Baden: Alle Strände in Griechenland sind öffentlich und kostenlos zugänglich.
Golf: Der einzige Golfplatz der Insel liegt nahe Chersónissos (www.cretegolf.gr; s. S. 85).
Mountainbiken: Gute Mountainbikes werden in vielen Küstenregionen vermietet.
Reiten: Reitställe konzentrieren sich auf die Umgebung von Chersónissos.
Wandern: Für Berg- und Schluchtenwanderungen ist Kreta ideal. Der europäische Fernwanderweg E 4 durchzieht die Insel der Länge nach.
Wassersport: Von Mai bis Mitte Oktober sind an Kretas Stränden zahlreiche Wassersportstationen aktiv. Hotspots für Windsurfer sind die Nordküsten-Strände an der Mirambello-Bucht bei Ágios Nikólaos und in Réthimno sowie der Strand von Palékastro an der Ostküste.

Sprache

Das Griechische gehört zu den indoeuropäischen Sprachen, ist aber mit keiner anderen Sprache enger verwandt. Viele Kreter sprechen Englisch, meist Ältere manchmal auch Deutsch. Auf Wegweisern stehen die Ortsnamen fast immer in griechischen und lateinischen Buchstaben. Für diesen DUMONT Bildatlas wurde eine Transkription gewählt, die eine annähernd korrekte Aussprache griechischer Wörter ermöglichen soll.

Telefon

Griechische **Telefonnummern** sind im Fest- und im Mobilfunknetz in der Regel zehnstellig, die Ortsvorwahl muss immer mitgewählt werden.

Info

Wetterdaten Iráklio

	TAGES-TEMP. MAX.	TAGES-TEMP. MIN.	WASSER-TEMP.	TAGE MIT NIEDER-SCHLAG	SONNEN-STUNDEN PRO TAG
Januar	15°	9°	16°	10	4
Februar	16°	8°	15°	9	4
März	17°	9°	16°	7	6
April	20°	11°	16°	3	8
Mai	23°	14°	19°	2	10
Juni	27°	18°	22°	1	12
Juli	28°	21°	24°	1	12
August	28°	21°	25°	0	11
September	26°	19°	24°	1	10
Oktober	23°	16°	23°	5	6
November	20°	13°	20°	7	5
Dezember	17°	11°	17°	9	4

Die Flächenabdeckung im **Mobilfunknetz** ist ausgezeichnet. Griechische Prepaid-Karten sind relativ günstig. Hier muss man sich mit Personalausweis registrieren lassen – der Preis variiert je nach Anbieter und Paket (10–30 €). Vorwahl für Griechenland 0030, Deutschland 0049, Österreich 0043, Schweiz 0041.

Unterkunft

Camping: Über die Insel verteilt, stehen 17 Campingplätze zur Verfügung (Platzbeschreibungen: www.panhellenic-camping-union.gr). Wildes Zelten ist verboten; es drohen hohe Strafen (bis zu 3000 € oder Freiheitsstrafen).
Jugendherbergen: Jugendherbergen stehen in Iráklio, Réthimno und Plakiás. Infos unter: www.diejugendherbergen.de, www.yhrethymno.com, www.yhplakias.com und www.hostelworld.com.
Hotels und Apartments: Das Unterkunftsspektrum ist breit gefächert – vom Luxushotel bis zur einfachen Pension. Groß und oft preiswert ist das Angebot an Studios und Apartments mit einfacher Küchenzeile. Das Angebot an frei stehenden Ferienhäusern ist begrenzt.

Preiskategorien

€€€€	Doppelzimmer	über 200 €
€€€	Doppelzimmer	120–200 €
€€	Doppelzimmer	80–120 €
€	Doppelzimmer	unter 80 €

Info

Daten und Fakten

Lage: Kreta liegt in etwa auf gleicher Höhe wie Zypern und Djerba. Geologisch sind seine Gebirge Teil einer Kette, die sich vom Festland über den Peloponnes bis zum türkischen Taurus-Gebirge erstreckt.
Naturraum: Vier Gebirge mit über 2000 m hohen Gipfeln bilden das Rückgrat der Insel. Strände säumen vor allem die Nordküste, während die Steilufer der Südküste nur wenig Platz für Siedlungen bieten.
Bevölkerung: Auf Kreta leben ca. 624 500 Menschen, ein Viertel davon im Großraum Iráklio. 74 Einw. leben auf 1 km² (Dtld.: 237 Einw./km²). Die größten Städte sind Iráklio, Chaniá und Réthimno. Fast alle Kreter gehören der griechisch-orthodoxen Kirche an.
Wirtschaft: Neben dem Tourismus sind Bau- und Landwirtschaft die wichtigsten Wirtschaftszweige. Eine Großindustrie fehlt völlig.

REGISTER

Fette Ziffern verweisen auf Abbildungen

IMPRESSUM

DUMONT Bildatlas Kreta, 7. Auflage 2025
ISBN 978-3-616-01220-9

Aktualisierung 2025 und Redaktion: Susanne Völler
Text: Klaus Bötig
Exklusiv-Fotografie: Tobias Gerber
Titelbild: laif/Christian Heeb
Zusätzliches Bildmaterial: S. 12/13 Lookphotos/Selbach, Arthur F., 20 l. Parschau, Bastian, 20 r. Lookphotos/Pompe, Ingolf, S. 21 o. l. und u. r. Parschau, Bastian, 21 u. l. iStock/Raths, Alex, 30 l. laif/Standl, Günter, 30 r. u. mauritius images/Prisma, 31 u. mauritius images/imagebroker/Hauser, Matthias, 36/37 huber-images/Schmid, Reinhard, 48 l. o. laif/Gerber, Tobias, 65 M. Lookphotos/TerraVista, 65 r. laif/Gerber, Tobias, 83 r. mauritius images/Hackenberg, Rainer, 99 M. laif/Gerald, Eddie, 100 l. laif/Schwelle, Dagmar, 110 M. u. iStock/arkanto, 110 l. und r. Parschau, Bastian, 111 o. l. mauritius images/Prisma, 111 o. r. Parschau, Bastian, 111 u. picture-alliance/blickwinkel/Royer, P., 113 l. und r. o. laif/hemis.fr/Escudero, Patrick, 114 l. Bötig, Christiane, 116 u. mauritius images/Hackenberg, Rainer, 120 l. Shutterstock/Timofeev, Vladimir, 120 r. Shutterstock/giedrius_b, 121 o. l. Shutterstock/Cowan, Paul, 121 o. r. Shutterstock/Veniamakis, Stefanos, 121 u. l. mauritius images/Alamy/Milas, Hercules, 121 u. r. Shutterstock/Gavrilova, Olga
Grafische Konzeption: fpm factor product münchen
Covergestaltung, Layout: CYCLUS · Visuelle Kommunikation, Stuttgart
Kartografie: © KOMPASS-Karten GmbH, A-6020 Innsbruck; MAIRDUMONT, D-73760 Ostfildern; Kartografie Lawall D-72669 Unterensingen (Karten für »Unsere Favoriten«)
Reproduktionen: PPP Pre Print Partner, GmbH & Co. KG, Köln

Lob oder Kritik? Wir freuen uns auf eine Nachricht! Trotz gründlicher Recherche schleichen sich manchmal Fehler ein. Wir bitten um Verständnis, dass der Verlag dafür keine Haftung übernehmen kann.
Redaktion DUMONT Reise • MAIRDUMONT • info@dumontreise.de

Anzeigenvermarktung: MAIRDUMONT MEDIA, Tel. 0711/4502-0, Fax 0711/4502-1012, media@mairdumont.com, http://media.mairdumont.com

Printed in Germany

FSC
www.fsc.org
MIX
Papier | Fördert gute Waldnutzung
FSC® C155291

Urlaub erinnern ...

Jeder Urlaub geht einmal zu Ende – was bleibt, sind die Mitbringsel, aber auch die Erinnerungen an Land und Leute, an Aromen und Düfte und an manche Kuriosität.

ÖLWECHSEL

Kretisches Olivenöl kann ich auch zu Hause im Supermarkt kaufen. Mehr Erinnerungen birgt es in sich, wenn ich es in einem kleinen Geschäft oder in einer Ölmühle erwerbe, wo verschiedene Öle verkostet werden können und mir der Landwirt die Unterschiede erklärt. Noch persönlicher wird es, wenn es aus den Hainen des Tavernenwirts stammt, bei dem ich Stammgast war. Viele Wirte geben es gern ab – auf Wunsch auch signiert.

FAMILIENFREUNDLICHER MINOS

Die vielen Ruinen aus minoischer Zeit und vor allem der Palast von Knossós haben meine Kinder immer wieder fragen lassen, wie das Leben denn damals war. Ich habe sie auf das Jugendbuch „Im Palast von Knossós" von Níkos Kazantzákis verwiesen. Da erlebt ein Junge vor 2500 Jahren ein spannendes Abenteuer.

PERSÖNLICHES STRANDGUT

Muschelschalen sind an vielen kretischen Stränden zu finden. Vor allem an Kieselstränden suche ich aber auch gern moderneres Strandgut: Von Wasser und Sand glatt geschliffenes farbiges Glas. Was ich daraus alles machen kann, erfahre ich ganz ausführlich, wenn ich in die Suchmaschine „Meerglas" oder „Strandglas" eingebe.

MARIA STATT ALEXA

Kreter in Not rufen die Gottesmutter an, ob gläubig oder nicht. Eine kleine Marienikone – und sei es nur ein billiger Druck – kann man in jedem Kloster und in vielen Geschäften kaufen, sogar in etlichen Supermärkten. Zu Hause aufgehängt, lässt sich dann ausprobieren, ob sie nicht mindestens ebenso hilfreich ist wie Alexa & Co.

SCHUHE NACH MASS

Maßschuhe können wir uns zu Hause nicht leisten. Aber in der Odos Sfakianaki 9 in Iráklio hat meine Frau die Schusterbrüder Paiagnotakis gefunden. Die schustern ihr nach von uns mitgebrachten Vorlagen binnen drei Tagen, was wir uns wünschen – und das für einen zweistelligen Betrag.

DIE LYRA IM OHR

Lyramusik ist auf Kreta allgegenwärtig. Mit den Melodien von Vicky Leandros oder Mikis Theodorakis hat sie gar nichts zu tun. Sie ist hart, lässt vor dem inneren Auge die ganze Wildheit Kretas auftauchen. Wenn ich mich zu Hause nach Kreta hinüberträumen will, lege ich eine CD von Níkos Xyloúris ein, dem wohl berühmtesten aller kretischen Lyra-Spieler. Dann sitze ich sofort wieder in einem Kafenío in den Bergen der Insel.

»KRETA IST GUT, DOCH NUR, WENN MAN EINEN NEUEN AUFTRIEB BEKOMMEN WILL«

Níkos Kazantzákis, Rechenschaft vor El Greco

SICHERER SCHRECKEN

Zeus sei Dank erleben wir in unseren Breiten ja keine Erdbeben. Darum war es für mich eine nachhaltige Erfahrung, Erdbeben verschiedener Stärke im Simulator im Naturhistorischen Museum von Iráklio ungefährdet miterleben zu können. Jetzt weiß ich, was jeder Kreter kennt.

DISKUSSIONSSTOFF TRAGEN

Die Worte „Ich hoffe nichts. Ich fürchte nichts. Ich bin frei" (s. S. 77) sind in Griechisch auch auf viele T-Shirts gedruckt. Wenn ich so eins zu Hause trage, werde ich oft nach der Übersetzung gefragt. Das kann dann eine schöne Diskussionsgrundlage für den kleinen Philosophen werden, der doch in jedem von uns steckt.

FAVA MITNEHMEN

Mein kretisches Lieblingsgericht ist das gelbliche Platterbsen-Püree mit Olivenöl, Kapern und Zwiebeln, auf das ich bei keiner kretischen Mahlzeit verzichten mag. Davon nehme ich mir immer mehrere Tüten mit nach Hause, denn das bei uns erhältliche Fava schmeckt ganz anders. Besonders lecker sind die „fava santorinis" von Kretas Nachbarinsel Santorin.

LUST AUF MEHR ...

Obwohl mich Kreta in seinen Bann geschlagen hat, habe ich auch 87 andere griechische Inseln bereist und obendrein alle Provinzen auf dem Festland und dem Peloponnes. Langweilig ist das nie geworden, denn die Vielfalt Griechenlands ist einfach unermesslich. Und schön ist es überall im Reich des Zeus.

LIEFERBARE AUSGABEN

SPANIEN NORDEN / JAKOBSWEG

Berge und Wellen
Aktivurlauber sind hier im Glück: Vormittags bergwandern, nachmittags ein Bad im Meer – geht problemlos!

Galicische Küche
Wer Fisch und Meeresfrüchte liebt, ist im Norden Spaniens goldrichtig!

Bilbao
... hat touristisch mächtig aufgeholt, vor allem dank des berühmten Museo Guggenheim Bilbao von Stararchitekt Frank O. Gehry.

www.dumontreise.de

JAPAN

Tokio
Mehr Großstadtfeeling als in Japans Megacity geht nicht!

Heiße Quellen
Ideal nach einer Stadtbesichtigung: ein paar Stunden im Onsen und man fühlt sich wie neugeboren!

Raus in die Natur!
Mit ein bisschen Zeit kann man in das ländliche Japan eintauchen, auf alten Pilgerwegen wandern und die phantastische Naturvielfalt des kleinen Landes entdecken.

DEUTSCHLAND
Allgäu
Altmühltal
Bayerischer Wald
Berlin
Bodensee
Brandenburg
Chiemgau, Berchtesg. Land
Dresden, Sächsische Schweiz
Eifel, Aachen
Elbe und Weser, Bremen
Franken
Frankfurt, Rhein-Main
Freiburg, Basel, Colmar
Hamburg
Hannover zw. Harz und Heide
Harz
Leipzig, Halle, Magdeburg
Lüneburger Heide
Mecklenburgische Seen
Mecklenburg-Vorpommern
Mosel
München
Münsterland
Nordseeküste Schleswig-Holstein
Oberbayern
Odenwald, Heidelberg
Osnabrücker Land
Ostfriesland
Ostseeküste Mecklenburg-Vorpommern
Ostseeküste Schleswig-Holstein
Pfalz
Rhein zw. Köln und Mainz
Rhön
Rügen, Usedom, Hiddensee
Ruhrgebiet
Saarland
Sachsen
Schwarzwald Norden
Schwarzwald Süden
Spreewald, Lausitz
Stuttgart, Schwäbische Alb
Sylt, Amrum, Föhr
Teutoburger Wald
Thüringen
Weserbergland

BENELUX
Amsterdam
Flandern, Brüssel
Niederlande

FRANKREICH
Bretagne
Côte d'Azur
Elsass
Frankreich Südwesten Okzitanien
Französische Atlantikküste
Korsika
Normandie
Paris
Provence

GROSSBRITANNIEN/IRLAND
Irland
London
Schottland
Südengland

SÜDEUROPA
Apulien, Kalabrien
Gardasee
Golf von Neapel, Kampanien
Istrien, Kvarner Bucht
Italien, Norden
Kroatische Adria
Malta
Oberitalienische Seen
Piemont, Turin
Rom
Sardinien
Sizilien
Slowenien
Südtirol
Toskana
Venedig, Venetien

GRIECHENLAND/ZYPERN/TÜRKEI
Istanbul
Kreta
Türkische Südküste, Antalya
Zypern

MITTEL- UND OSTEUROPA
Baltikum
Danzig, Ostsee, Masuren
Krakau, Breslau, Polen Süden
Prag

ÖSTERREICH/SCHWEIZ
Kärnten
Salzburger Land
Schweiz
Tirol
Wien

SPANIEN/PORTUGAL
Algarve
Andalusien
Barcelona
Gran Canaria, Fuerteventura, Lanzarote
Kanarische Inseln
Lissabon
Madeira
Mallorca
Porto, Portugal Norden
Spanien Norden, Jakobsweg
Teneriffa, La Palma, La Gomera, El Hierro

SKANDINAVIEN/NORDEUROPA
Dänemark
Finnland
Hurtigruten
Island
Norwegen Norden
Norwegen Süden
Schweden Süden, Stockholm

LÄNDERÜBERGREIFENDE BÄNDE
Donau – Von der Quelle bis zur Mündung
Freiburg, Basel, Colmar

AUSSEREUROPÄISCHE ZIELE
Australien Osten, Sydney
Australien Süden, Westen
Bali, Lombok
Costa Rica
Dubai, Abu Dhabi, VAE
Florida
Iran
Israel, Palästina
Japan
Kalifornien
Kanada Osten
Kanada Westen
Kuba
Marokko
Namibia
New York
Saudi-Arabien
Sri Lanka
Südafrika
Thailand
Vietnam